Aldidente Dessert

Anne Enderlein | Cornelie Kister

Aldidente Dessert

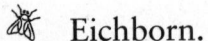 Eichborn.

1 2 3 4 05 04 03

© Eichborn AG, Frankfurt am Main, Juni 2003
Umschlaggestaltung: Uschi Heusel
Lektorat: Judith Schneider
Redaktion: Simon Schneider
Layout und Satz: Tania Poppe
Druck und Bindung: WS Bookwell, Finnland
ISBN 3-8218-3739-X

Verlagsverzeichnis schickt gern:
Eichborn Verlag, Kaiserstr. 66
D – 60329 Frankfurt am Main
www.eichborn.de

Inhalt

*Süß auf süß schmeckt doppelt gut,
sagte der Pfaffe
und küsste die Köchin auf der Zucker-
kiste.*

Vorwort

Der Mensch lebt nicht vom Brot allein, zum Glücklichsein braucht er auch herrlich süße Leckerbissen. Wir alle wissen, wie grantig, unausgeglichen und launisch der Mensch mitunter werden kann, wenn ihm Zucker im Blut fehlt und er nach nichts anderem giert, als so schnell wie möglich etwas Süßes zu vernaschen. Zucker hebt die Laune, erfrischt das Gemüt und tröstet über so manchen Kummer hinweg. Auch wenn es heißt: »Ich will keine Schokolade, ich will lieber einen Mann!«, so ist der Schokoriegel dennoch kein schlechter Ersatz in einsamen Stunden.

Süße Speisen bringen Farbe, Lust, Energie und Freude in den Alltag, sie sind Poesie und für so manchen reinstes Lebenselixier. Es ist bestimmt kein Zufall, dass gerade in der dunklen, kalten Jahreszeit die Öfen auf Hochtouren laufen, wenn all das zuckrige Backwerk, das Früchtebrot, der Butterstollen und die vielfarbigen, würzigen Plätzchen gebacken werden. Wenn's draußen nass und grau oder gar weiß verschneit ist, bieten die süßen, klebrigen Naschereien Versöhnung und Aufmunterung.

Mal ehrlich: Was wäre das opulenteste, raffinierteste Menü ohne ein süßes Ende? Das Dessert ist und bleibt der krönende Abschluss, ja, wenn nicht sogar der Höhepunkt eines mehrgängigen Essens. Man braucht bloß in die unbefriedigten Gesichter zu blicken, wenn der Koch – aus Sadismus, Geiz, Grausamkeit oder aus welch niederem Motiv auch immer – zum Abschluss den Nachtisch verweigert. Spätestens dann muss jeder zugeben: Das Dessert ist das Tüpfelchen auf dem I und die Krönung aller Gaumenfreuden. Man erlebt es zwar ab und zu im Restaurant, dass auf die Frage: »Darf ich die Dessertkarte reichen?«, ein ablehnendes »Danke« geantwortet wird. Doch forscht man genauer nach den Gründen, so sind pedantisches Figurbewusstsein oder – ebenfalls nicht selten – die Furcht vor einer gesalzenen Rechnung die Ursache für den Verzicht auf einen süßen Abschluss. Im privaten Rahmen jedoch erlebt man so gut wie nie, dass jemand freiwillig die zuckrige Offerte ausschlägt. Die Angst vor einem Zuviel an Kalorien wird bei solchen Genussrunden schlichtweg mit dem guten Vorsatz, am folgenden Tag einen Reistag einzulegen, beiseite geschoben.

Kalorienbewusste Ernährung und Süßspeisen sind durchaus kein Widerspruch. In Maßen genossen hat herrliches Zuckerwerk noch niemandem geschadet, und außerdem müssen nicht alle Desserts so genannte Kalorien- oder Cholesterinbomben sein. Im Sommer ist Hochsaison der saftigsten und süßesten Früchte, die zum einen gesund und lebensnotwendig sind und zum anderen Grundlage für die fantasievollsten und schmackhaftesten Nachtische. Wer sich erfrischende Fruchtsorbets, kühlende Waldbeerenparfaits oder duftig zarte Cremes mit reifen Pfirsichen entgehen lässt, der muss sich fragen lassen, ob sein Leben wirklich einen Sinn hat.

Wir haben in diesem Dessertkochbuch Süßspeisen der unterschiedlichsten Art, für unterschiedlichste Bedürfnisse und Gelegenheiten zusammengestellt: von fruchtig-leich-ten Obstdesserts über pfundig-süße Cremes und Mousses, raffinierte Desserts für feine Anlässe und süße Gerichte, die sich auch bestens als Hauptgang eignen, bis hin zu Rezepten für Kinder, die in aller Regel die ungeniertesten Nasch-katzen unter den Gourmets sind.

Anmerkung zu den Zutaten:
Die nicht im Aldisortiment erhält-lichen Zutaten sind mit * gekenn-zeichnet. Manche der exotischeren Rezeptbestandteile gibt es aller-dings nur bei Aldi-Süd. Darüber hinaus kann man einige Früchte nicht ganzjährig bei Aldi erstehen, sondern nur saisonal. Sollten Sie dennoch einmal unbändigen Heiß-hunger auf ein 'unzeitgemäßes' Des-sert haben, müssten Sie zum Einkau-fen auf Feinkostläden oder Märkte ausweichen.

In vielen Süßspeisen ist die Schale von Zitrusfrüchten zu verwenden. Zitronen und Orangen von Aldi sind nicht unbehandelt, sollten also vorher gründlich heiß abgewaschen und kräftig trocken gerieben wer-den. Darauf können Sie verzichten, wenn Sie unbehandelte Früchte in Gemüse- oder Bioläden kaufen.
Das Gewürzregal bei Aldi ist recht überschaubar. Typische Dessertge-würze wie Zimt, Gewürznelken, Piment oder Koriander findet man dort nicht. Sie sind in den Zutaten nicht extra mit dem Sternchen gekennzeichnet, gehören aber zum unverzichtbaren Gewürzvorrat jeder noch so kleinen Küche.

Für trübe Stunden

Mousse au café
(4 Portionen)

Man nehme:
- 3 Eier
- 3 EL Zucker
- 4 EL heißen Espresso
- 50 g Vollmilchschokolade
- 150 ml Sahne

Zubereitung:
Die Eier trennen, das Eiweiß kühl stellen und das Eigelb mit dem Zucker schaumig schlagen.

Die Schokolade zerkleinern und im heißen Espresso in einem Topf bei geringer Hitze unter Rühren schmelzen. Danach etwas abkühlen lassen. In der Zwischenzeit die Sahne steif schlagen.

Erst die flüssige Schokolade unter den Eigelbschaum heben und anschließend die Sahne.

Das Eiweiß zu festem Schnee schlagen und ebenfalls unter die Masse ziehen.

Die Mousse sollte vor dem Servieren 3-4 Stunden kalt gestellt werden.

Hot Bananas on ice

(2 Portionen)

Man nehme:
- 2 EL Butter
- 2 gestrichene EL Zucker
- 1/2 TL Zimt
- 2 Bananen
- 3 EL Weinbrand
- Vanilleeiscreme (Menge nach Belieben)

Zubereitung:

Die Eiscreme vor dem Zubereiten der Bananen auf 2 Dessertschalen anrichten.

In einer Pfanne die Butter zerlassen und Zucker und Zimt einrühren.

Die Bananen schälen, längs in drei Streifen schneiden und in der Pfanne etwa 1-2 Minuten anbraten.

Den Weinbrand angießen und leicht erwärmen.

Mit einem langen Streichholz den Alkohol entzünden und nach einigen Sekunden durch Schwenken der Pfanne die Flamme löschen.

Die Hot Bananas auf die Eiscreme geben und sofort servieren.

Flambierte Aprikosen
(4 Portionen)

Man nehme:

- 8 reife Aprikosen
- 3 EL Butter
- Saft einer Orange
- 1 TL Orangenschale
- 8 cl Cointreau oder Orangenlikör
- 4 cl Cognac
- 250 ml Sahne
- wenig Zucker zum Süßen der Sahne

Zubereitung:

Die Aprikosen waschen, halbieren und entkernen.

Die Butter in einer Pfanne zerlassen, die Aprikosenhälften darin erwärmen.

Orangensaft und abgeriebene Orangenschale dazugeben.

Cointreau bzw. Orangenlikör und Cognac zusammen erhitzen, den Alkohol über die Aprikosenhälften gießen und entzünden.

Die Sahne steif schlagen.

Die flambierten Aprikosen mit der Schlagsahne servieren.

Erdbeer-Orangen-Drink

(4 Portionen)

Man nehme:

- 200 g Erdbeeren
- 100 ml Orangensaft oder Saft von zwei frisch gepressten Orangen
- 500 ml Buttermilch, ersatzweise 300g Joghurt und 200ml Milch
- 2 EL Zucker
- 1 EL Zitronensaft

Zubereitung:

Die Erdbeeren waschen, putzen und mit einer Gabel grob zerdrücken.

Den Orangensaft zusammen mit dem Erdbeermus pürieren.

Die Buttermilch unter Rühren hinzugeben.

Zucker und Zitronensaft hineinrühren und anschließend alles noch einmal mit dem Pürierstab schaumig schlagen.

Den Drink abschmecken und in Gläser füllen.

Apfelschnitze caramel

(4 Portionen)

Man nehme:

- 800 g säuerliche Äpfel
- 1 EL Butter
- 120 g Zucker
- 1 Msp. Zimt
- 60 ml Calvados oder Apfelsaft
- Saft einer halben Zitrone

Zubereitung:

Die Äpfel schälen, entkernen und in Spalten schneiden.

Die Butter in einer großen Pfanne zerlassen und den Zucker darin karamellisieren.

Apfelspalten und Zimt in die Pfanne geben und beides bei mittlerer Hitze einige Minuten anbraten. Dabei die Pfanne schwenken.

Die Äpfel mit Calvados oder Apfelsaft löschen und den Zitronensaft darüber träufeln.

Bei geschlossenem Deckel das Kompott etwa 5-8 Minuten weiterschmoren lassen. Eventuell noch etwas Flüssigkeit angießen.

Die warmen Früchte anrichten.

Tipp: Besonders gut schmeckt dazu Vanilleeiscreme.

Zitroneneisflip

(1 Portion)

Man nehme:
- 100 ml Milch oder Joghurt
- Saft einer halben Zitrone
- 1 TL Honig
- 2 cl Gin
- 1 Kugel Zitroneneis
- Sekt oder Prosecco
zum Auffüllen des Glases

Zubereitung:
Milch oder Joghurt, Zitronensaft, Honig und Gin mixen und in ein Glas füllen. Das Zitroneneis in das Glas gleiten lassen, mit Prosecco oder Sekt auffüllen und eiskalt servieren.

Eisschokolade
(4 Portionen)

Man nehme:
- 100 g halbbittere oder Vollmilchschokolade
- 500 ml Milch
- 500 ml Vanilleeis
- 200 ml Sahne zum Garnieren
- Zucker zum Süßen der Sahne nach Belieben

Zubereitung:
Die Schokolade raspeln.

Die Milch aufkochen, die Schokoladenraspeln hineinrühren und abkühlen lassen.

In der Zwischenzeit die Sahne schlagen und nach Belieben süßen.

Das Vanilleeis auf vier hohe Gläser verteilen. Die erkaltete Schokoladenmilch darüber gießen, mit einem Sahnehäubchen garnieren und servieren.

Champagnersorbet

(4 Portionen)

Man nehme:

- 250 ml Wasser
- 200 g Zucker
- Saft einer halben Zitrone
- 1/2 Flasche Champagner oder Sekt
- 2 Eiweiß
- Zitronenmelisse*

Zubereitung:

Wasser und Zucker so lange köcheln, bis der Zucker von einem eingetauchten Löffel Fäden zieht.

Den Zitronensaft und die Hälfte des Champagners einrühren.

Die Masse in eine flache Schale geben und 1 Stunde gefrieren lassen. Den restlichen Champagner mit einem Handrührgerät unter die halbgefrorene Masse schlagen und nochmals 1 Stunde gefrieren lassen. Die Eiweiße zu steifem Schnee schlagen, unter die angefrorene Masse rühren und wiederum gefrieren lassen.

Die Dessertgläser oder -schalen im Tiefkühlfach gut vorkühlen lassen. Das Sorbet auf die Schalen verteilen und mit der gehackten Zitronenmelisse garnieren.

Orangenschaum

(4 Portionen)

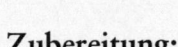

Man nehme:

- 4 Eier
- 1 Tasse Puderzucker*
- Saft von 8 Orangen
- 125 ml Sahne

Zubereitung:

Die Eier trennen. Die Eigelb mit dem Zucker schaumig rühren.

Die schaumig, aber nicht steif geschlagene Sahne und den Orangensaft unter die Eimasse mischen.

Die Eiweiße steif schlagen und unter den Orangenschaum ziehen.

Mit einem Pürierstab sämtliche Zutaten schaumig aufschlagen und sofort servieren.

Weinschaumreis

(4-6 Portionen)

Man nehme für den Milchreis:

- 250 g Rundkornreis
- 1 l Milch
- 1 Prise Salz
- 1 Päckchen Vanillezucker
- 1 EL Butter

Man nehme für den Weinschaum:

- 250 ml Weißwein
- 2 Eier
- 1 Eigelb
- 100 g Zucker

Zubereitung des Milchreis:
Den gewaschenen Reis in kochendes Wasser geben und ca. 4 Minuten bei großer Hitze kochen lassen.

Milch, Vanillezucker und Salz zum Kochen bringen.
Den Reis über ein Sieb abgießen, mit kaltem Wasser abspülen und in die kochende Milch geben. Bei geringer Hitze 30 Minuten quellen lassen.
Zum Schluss die Butter in Flöckche unterrühren und den Milchreis kalt stellen.

Zubereitung des Weinschaums:
Alle Zutaten für den Weinschaum aufschlagen und bei geringer Hitze nicht ganz zum Kochen bringen. Die Masse auskühlen lassen.
Den Weinschaum mit dem kalten Milchreis vermengen und in Dessertschalen servieren.

Kinderleicht

Buttermilchpudding

(4 Personen)

Man nehme:

- 1,5 l Buttermilch
- 125 ml Sahne
- 1 Päckchen Vanillezucker

Zubereitung:

Einen Durchschlag oder ein größeres Sieb mit einem Geschirrtuch auslegen und die Buttermilch hineingießen. Die Molke abtropfen lassen, dabei hin und wieder rühren.

Die Sahne unter die Buttermilch rühren, Vanillezucker hinzufügen und mit dem Rührgerät steif schlagen.

Eine Glasschüssel kalt ausspülen und die Buttermilchmasse hineingeben. Im Kühlschrank fest werden lassen, danach stürzen.

Tipp: Dazu klein geschnittenes, frisches Obst der Saison reichen.

Kalte Frauke mit Zitronenbaisers

(6-8 Portionen)

Man nehme für die Zitronenbaisers:
- 4 Eiweiß
- 200 g Zucker
- abgeriebene Schale einer Zitrone

Man nehme für die Kalte Frauke:
- 500-750 g gemischte Waldbeeren (tiefgefroren)
- 2 cl Amaretto, Marsala oder Orangenlikör
- 400 ml Sahne

Zubereitung:

Den Backofen auf 110 Grad (Gas 1) vorheizen.

Die Eiweiße steif schlagen, 3 EL Zucker hinzufügen und den Eischnee weitere 1-2 Minuten glänzend schlagen. Den restlichen Zucker hinzugeben und nochmals 1 Minute schlagen. Die abgeriebene Zitronenschale kurz unterrühren.

Den Eischnee mit 2 Ess- oder Teelöffeln in kleinen Häufchen auf ein mit Backpapier bedecktes Backblech setzen und ca. 1-1,5 Stunden im vorgeheizten Backofen cremefarben backen.

Die Zitronenbaisers erkalten lassen.

In der Zwischenzeit die Sahne steif schlagen.

Die Zitronenbaisers vorsichtig mit der Hand zerkrümeln und den Boden einer Auflaufform großzügig mit der Hälfte der Krümel bedecken. Den Alkohol über die Baisers gießen.

Der Baiserboden wird mit der Hälfte der Schlagsahne bestrichen und über diese eine Schicht gefrorene Waldbeeren verteilt. Es folgt wieder eine Schicht der restlichen gekrümelten Baisers, die zweite Hälfte Sahne und abschließend wieder Waldbeeren.

Die Kalte Frauke wird vor dem Servieren 3-4 Stunden im Kühlschrank gekühlt, sodass die Beeren aufgetaut und etwas in die Sahne eingesunken sind.

Erdbeercreme

(6 Portionen)

Man nehme:
- 750 g Erdbeeren
- 6 cl Orangenlikör
- 50 g Puderzucker*
- 500 g Mascarpone*
- 150 g Joghurt

Zubereitung:

Die Erdbeeren putzen und waschen. 2/3 davon halbieren, mit dem Likör übergießen und eine Stunde zugedeckt marinieren.

Die restlichen Beeren und den Puderzucker pürieren.

Mascarpone und Joghurt cremig schlagen und die pürierten Erdbeeren darunter mischen.

In eine Glasschale in vier Schichten wechselweise Mascarponecreme und marinierte Beeren einfüllen und eine Stunde im Kühlschrank durchkühlen lassen.

Rumbananen

(4 Portionen)

Man nehme:

- 4 reife Bananen
- 4 EL Rum
- 2 EL Zucker
- 2 TL Zimt
- 2 Msp. geriebene Muskatnuss

Zubereitung:
Die geschälten Bananen quer in Scheiben schneiden und in eine Schüssel geben. Die Gewürze und den Zucker im Rum auflösen, über die Bananen gießen und eine Stunde ziehen lassen.

Tipp: Dazu kann Vanilleeis gereicht werden.

Gebackene Pfirsiche mit Karamellsauce und Vanilleeis

(4 Portionen)

Man nehme für die Pfirsiche:
- 4 Pfirsiche
- 3 EL Zucker
- 3 EL Butter

Man nehme für die Karamellsauce:
- 200 g Zucker
- 125 ml Wasser
- 3 EL Butter
- 1 reichliche Prise Salz
- 250 g Schmand

- Vanilleeis

Zubereitung der Pfirsiche:
Den Backofengrill vorheizen.
Die Pfirsiche halbieren, entsteinen, mit der Schnittfläche nach oben in eine gebutterte Auflaufform legen, mit dem Zucker bestreuen und Butterflöckchen darüber verteilen.
Die Pfirsiche auf der obersten Schiene unmittelbar unter dem Grill 5-10 Minuten gratinieren lassen, bis sie weich und gebräunt sind.

Zubereitung der Karamellsauce:
Zucker und Wasser in einem beschichteten Topf erhitzen, dabei hin und wieder rühren, bis sich der Zucker aufgelöst hat. Die Flüssigkeit ohne zu rühren so lange aufko-

chen lassen, bis der Sirup am Rand braun zu werden beginnt. Anschließend 1-2 Minuten bei mittlerer Hitze weiterkochen und den Topf dabei gelegentlich schwenken, damit der Sirup gleichmäßig bräunt. Sobald der Karamell seine typische goldbraune Färbung hat, den Topf vom Herd nehmen und warten, bis er aufhört zu kochen. Dann Butter, Salz und Schmand hinzufügen und unterrühren. Vorsicht, der heiße Karamell kann spritzen und Blasen werfen!

Die heißen Pfirsiche auf Dessertschalen anrichten, mit der Karamellsauce übergießen und Vanilleeis dazu reichen.

Beerensorbet

(4 Portionen)

Man nehme:

- 250 g gemischte Waldbeeren (tiefgefroren)
- 3-4 EL Puderzucker*
- 2 EL Zitronensaft
- 1-2 EL Cassis oder Himbeergeist

Zubereitung:

Die gefrorenen Beeren und die übrigen Zutaten in eine Schüssel geben und mit dem Pürierstab zu einem cremigen Sorbet verarbeiten. Das Dessert in hohen Gläsern eiskalt servieren.

Avocado-Joghurt-Creme
(4 Portionen)

Man nehme:
- 1/2 Zitrone
- 1 reife Avocado
- 150 g Magermilchjoghurt
- 1-2 EL flüssigen Honig
- Zitronenscheiben oder -schnitze zum Garnieren

Zubereitung:
Die Zitronenschale abreiben und den Saft auspressen.

Die Avocado halbieren und den Kern herauslösen. Das Fruchtfleisch aus der Schale löffeln und mit dem Zitronensaft, der Zitronenschale, dem Joghurt und dem Honig pürieren.

Das Dessert auf Schalen verteilen, 1/2 Stunde im Kühlschrank durchziehen lassen und mit Zitronenscheiben garniert servieren.

Mandelomelett

(4 Portionen)

Man nehme:

- 3 Eier
- 2 EL heißes Wasser
- 1 Prise Salz
- 1 El Zucker
- 1 Päckchen Vanillezucker
- 1/2 TL abgeriebene Zitronenschale
- 1-2 EL Butter zum Braten
- 20 g Mandelblättchen*
- Puderzucker* zum Bestäuben

Zubereitung:

Die Eier zusammen mit dem heißen Wasser, Salz, Zucker, Vanillezucker und Zitronenschale mit dem Mixer auf höchster Stufe etwa 3 Minuten schaumig schlagen.

Die Butter bei geringer Hitze aufschäumen lassen und die Mandelblättchen kurz anrösten.

Den Eischaum hineingießen und glatt streichen.

Die Hitze reduzieren, den Deckel auf die Pfanne auflegen und das Omelett bei geringster Hitze 10-12 Minuten backen. Den Deckel zwischendurch nicht anheben, sonst fällt das Omelett zusammen.

Das Dessert ist fertig, wenn die Unterseite gebräunt ist und die Oberseite fest zu werden beginnt.

Das Omelett auf einen großen Teller gleiten lassen, die eine Hälfte über die andere klappen, mit Puderzucker bestreuen und warm servieren.

Kalte Blaubeersuppe

(4 Portionen)

Man nehme:

- 500 ml Kefir*, ersatzweise Buttermilch
- 175 g Joghurt (mind. 3,5% Fett i. Tr.)
- 2 EL Zucker
- 300 g Blaubeeren
- 1 EL Vanillezucker
- 2 EL Zitronensaft
- 100 ml Sahne zum Garnieren

Zubereitung:

Kefir (oder Buttermilch), Joghurt und Zucker verquirlen.

Die Blaubeeren waschen, verlesen und mit Zucker, Vanillezucker und Zitronensaft pürieren.

Die Kefirmischung unter das Beerenpüree rühren und auf 4 Teller verteilen.

Die Sahne steif schlagen und jeden Suppenteller mit einem Häubchen garnieren.

Pfirsich-Vanille-Milchmix
(4 Portionen)

Man nehme:
- 300 ml Milch
- 3 reife Pfirsiche, ersatzweise aus der Dose
- 1 Päckchen Vanillezucker

Zubereitung:
Zwei frische Pfirsiche oder drei aus der Dose - Früchte aus der Dose eignen sich nicht zum Garnieren - klein schneiden und pürieren.

Milch und Vanillezucker hinzufügen und auf höchster Stufe im Mixer schlagen.

Den gut gekühlten Milchshake in hohe Gläser füllen.

Den dritten frischen Pfirsich waschen, halbieren, entkernen und anschließend in Spalten schneiden. Jeder Glasrand wird vor dem Servieren mit einer Pfirsichspalte garniert.

Vanillepudding

(4 Portionen)

Man nehme:
- 500 ml Milch
- 2 EL Zucker
- 1 Päckchen Vanillezucker
- 1 Ei
- 35 g Stärke
- 1 gute Prise Salz
- 1 EL Butter

Zubereitung:
300 ml Milch mit Vanillezucker, einer Prise Salz und Zucker zum Kochen bringen.

Das Ei trennen. Eigelb und Stärke in der restlichen Milch verquirlen, in die heiße Vanillemilch rühren, aufkochen lassen und bei geringer Hitze einige Minuten unter Rühren weiterköcheln lassen. Die Butter unterrühren und den Pudding in eine kalt ausgespülte Schüssel gießen.

Tipp: Wer den Pudding schaumig liebt, schlage das Eiweiß steif und hebe den Eischnee unter den Pudding.

Zitronencreme
(4 Portionen)

Man nehme:
- 125 ml Zitronensaft
- abgeriebene Schale einer Zitrone
- 125 ml lieblichen oder halbtrockenen Weißwein
- 200 g Zucker
- 40 g Speisestärke
- 2 Eigelb
- 3 Eiweiß
- frische Zitronenmelisse*

Zubereitung:
Den Wein mit 100 g Zucker, Zitronensaft und Zitronenschale zum Kochen bringen.

In den restlichen Wein Stärke und Eigelb einrühren.

Die aufgelöste Stärke in die kochende Flüssigkeit gießen und mehrmals aufkochen lassen. Dabei ständig rühren.

Die Eiweiße mit dem restlichen Zucker steif schlagen und unter die Creme heben.

Das Dessert kalt stellen und vor dem Servieren mit den Zitronenmelisseblättchen garnieren.

Quarkcreme exotica

(4 Portionen)

Man nehme:
- 750 g Magerquark
- 150 ml Milch
- 3-4 EL Zucker
- 1 Päckchen Vanillezucker
- Tropenfrüchtemischung (tiefgefroren)

Zubereitung:
Die Früchte in einer großen Schüssel auftauen lassen.
Den Magerquark mit Milch, Zucke und Vanillezucker zu einer glatten Creme rühren.
Die Quarkcreme über die Tropenfrüchte geben und servieren.

Eisiger Waldbeerenbecher

(4 Portionen)

Man nehme:

- 500 g gemischte Waldbeeren (tiefgefroren)
- Saft einer Zitrone
- 400 ml Sahne
- 75 g Zucker
- Päckchen Vanillezucker

Zubereitung:

Die Beeren auftauen lassen. 1 Tasse davon zurückbehalten. Die übrigen Beeren zusammen mit dem Zitronensaft pürieren.

Die Sahne steif schlagen und mit Zucker und Vanillezucker süßen.

Das Waldbeerenmus unter die Sahne rühren und im Gefrierfach anfrieren lassen.

Serviert wird der eisige Waldbeerenbecher in hohen Gläsern, garniert mit den restlichen Beeren.

Sommerträume

Aprikosenpyramide mit gebackenen Zimttoasts
(4 Portionen)

Man nehme für die Pyramide:
- 16 reife Aprikosen
- 2 EL Kirschwasser
- 2 EL Zucker

Man nehme für die gebackenen Zimttoasts:
- 4 Scheiben Toastbrot
- 1 Tasse Milch
- 2 Eier
- Zucker & Zimt
- Butter zum Backen

Zubereitung:

Die Aprikosen waschen, seitlich aufschneiden, den Kern herauslösen und die Früchte auf einem gefetteten Backblech zu einer Pyramide aufhäufen. Den Ofen auf 200-220 Grad (Gas 4) vorheizen. Die Aprikosen mit Kirschwasser beträufeln und mit Zucker bestreuen. Im Ofen kurz backen, bis der Zucker karamellisiert.

Während des Backens Milch und Eier auf einem tiefen Teller verquirlen. Die Toastbrote darin wälzen und in heißer Butter goldbraun backen. Die Toasts auf Desserttellern mit Zucker und Zimt bestreuen, die heiße Aprikosenpyramide dazu servieren.

Marinierte Waldbeeren mit Zimtschaum

(4-6 Portionen)

**Man nehme für
die eingelegten Beeren:**
- 750 g gemischte Waldbeeren (tiefgefroren)
- 3 EL Zucker
- 2 cl Himbeergeist
- geriebene Schale einer halben Zitrone
- 2 EL Zitronensaft

Man nehme für den Zimtschaum:
- 6 Eigelb
- 100 ml Weißwein
- 3 EL Zucker
- 1 Päckchen Vanillezucker
- 75 ml Sahne
- 1 TL gemahlenen Zimt

Zubereitung:
Die Beeren auftauen lassen. Zucker, Himbeergeist, Zitronenschale und -saft verrühren und über die Beeren gießen. 30 Minuten ruhen lassen.

Für den Zimtschaum die Eigelbe mit Weißwein, Zucker, Vanillezucker, Sahne und Zimt verrühren und im heißen, aber nicht kochenden Wasserbad zu einer dicklichen Creme schlagen.

Die marinierten Waldbeeren auf Dessertschalen verteilen und den warmen Zimtschaum darüber gießen.

Kirschauflauf

(6 Portionen)

Man nehme:

- 500 g Kirschen
- 3 EL Mehl
- 60 g Zucker
- 1 Prise Salz
- 4 Eier
- 250 ml Milch
- 4 EL Cognac oder 3 EL Kirschwasser
- Puderzucker* zum Bestäuben
- Butter zum Ausfetten und
- Zucker zum Bestreuen der Auflaufform

Zubereitung:
Den Backofen auf 175 Grad (Gas 3) vorheizen.
Die Auflaufform fetten und mit Zucker bestreuen.

Die Kirschen waschen, putzen – wer möchte, kann sie vorher entsteinen – und in die Auflaufform geben.
Mehl, Zucker und Salz in eine große Schüssel geben und eine Mulde in die Mitte drücken.
Die Eier gut verquirlen und in die Mulde gießen.
Die Hälfte der Milch über die Eier gießen und das Mehl vom Rand her unterrühren, bis ein glatter Teig entstanden ist. Zum Schluss die restliche Milch einrühren.
Den Teig über die Kirschen gießen und 35-45 Minuten backen.
Den heißen Auflauf mit Cognac oder Kirschwasser beträufeln und unmittelbar vor dem Servieren mit Puderzucker bestäuben.
Das Gericht sollte heiß oder warm gegessen werden.

Blondie
(4 Portionen)

Man nehme:
- 50 g reife Aprikosen
- 300 g reife Pfirsiche
- 2 gestrichene EL Zucker
- Päckchen Vanillezucker
- Saft einer Zitrone
- 500 ml Buttermilch
- 4 Kugeln Vanilleeis

Zubereitung:
Die Aprikosen und Pfirsiche waschen, halbieren, entsteinen und in kleine Stücke schneiden. Die Fruchtstücke mit Zucker, Vanillezucker und Zitronensaft gut pürieren.

Die Buttermilch hinzufügen und mit dem Fruchtmus gut mixen.

Den Sommerdrink in hohe Gläser füllen, eine Kugel Eis hineingeben und sofort servieren.

Pfirsiche mit Eiercreme

(4 Portionen)

Man nehme:

- 4 reife Pfirsiche
- 125 ml Weißwein
- 2 EL Honig
- Saft einer Zitrone
- 1 Msp. Zimt
- 3 Eier
- Puderzucker* zum Bestäuben
- Butter zum Ausfetten der Form

Zubereitung:

Den Backofen auf 200 Grad (Gas 4) vorheizen.

Die Pfirsiche kurz überbrühen, häuten, halbieren und entsteinen.

Wein, Honig, Zitronensaft und Zimt in einem großen Topf aufkochen.

Die Pfirsichhälften hineinlegen und bei geschlossenem Deckel 5 Minuten dünsten.

Die Pfirsiche herausnehmen und in eine ausgefettete Auflaufform legen.

Den Sud 1 Minute weiter einkochen.

Die Eier trennen und das Eigelb in einer Schüssel schaumig schlagen. Den Sud langsam unterschlagen und die Masse im warmen Wasserbad so lange weiter schlagen, bis sie sämig wird.

Eiweiß steif schlagen und unter die Eigelb-Wein-Masse ziehen. Diese gleichmäßig über die Pfirsiche verteilen.

Den Auflauf 12-15 Minuten überbacken, bis die Oberfläche gebräunt ist.

Vor dem Servieren mit Puderzucker bestäuben.

Erdbeeren mit Quarkhaube

(4 Portionen)

Man nehme:

- 650 g Erdbeeren
- 2 Eier
- 160 g Magerquark
- 2 EL Cointreau
- Zucker und Zitronensaft nach Geschmack

Zubereitung:

Erdbeeren waschen, putzen, halbieren und auf vier feuerfeste Glasschalen verteilen.

Die Eier trennen. Die Eigelb mit dem Magerquark, Cointreau und eventuell etwas Wasser verrühren, wenn die Konsistenz zu fest ist. Den Quark mit Zitronensaft und Zucke abschmecken.

Das Eiweiß zu steifem Schnee schlagen und unter die Quarkcreme heben.

Die Masse über die Erdbeeren verteilen und unter dem Grill etwa 5 Minuten goldbraun backen.

Das Dessert wird warm gereicht.

Eiskaffee

(4 Portionen)

Man nehme:
- 125 ml Sahne
- 250 g Vanilleeis
- 500 ml starken kalten Kaffee
- Kakaopulver

Zubereitung:
Die Sahne steif schlagen.

Das Vanilleeis auf 4 hohe Gläser verteilen.

Den kalten Kaffee über das Eis gießen und auf jedes Glas ein Sahnehäubchen geben.

Den Eiskaffee mit Kakaopulver bestreuen und sofort servieren.

Rhabarbergrütze mit Vanillesauce

(6 Portionen)

Man nehme für die Rhabarbergrütze:

- 1 kg Rhabarber
- 125 ml Wasser
- 150 g Zucker
- 1 Prise Salz
- 2 EL Speisestärke
- 1 Streifen Zitronenschale

Man nehme für die Vanillesauce:

- 375 ml Milch
- 1 Prise Salz
- 1 Päckchen Vanillezucker
- 3 Eigelb
- 60 g Zucker
- 3 EL Sahne

Zubereitung der Rhabarbergrütze:
Die Rhabarberstangen schälen und die Enden abschneiden. Mundgerecht geschnittene Stücke mit Wasser, Zucker, einer Prise Salz und einem Streifen Zitronenschale zum Kochen bringen. Den Rhabarber etwa 10 Minuten weich köcheln. Die Speisestärke in Wasser verquirlen und unter den kochenden Rhabarber rühren. Die Grütze in eine kalt ausgespülte Glasschüssel füllen und abkühlen lassen.

Zubereitung der Vanillesauce:
Milch, Salz und Vanillezucker aufkochen lassen.

Die Eigelbe in einer Schüssel mit dem Zucker schaumig schlagen und die Vanillemilch unter Rühren langsam angießen.
Die Sauce bei mittlerer Hitze cremig schlagen – dabei aber nicht zum Kochen bringen! –, anschließend in einen kalt ausgespülten Krug gießen und im kalten Wasserbad unter Rühren abkühlen lassen. Die Sahne unterrühren.

Die Grütze in Dessertschüsselchen füllen und mit Vanillesauce übergossen servieren.

Zitronenjoghurt mit Waldbeeren

(4 Portionen)

Man nehme:
- 2 Zitronen
- 125 g Puderzucker*
- 500 g Sahnejoghurt
- 180 ml Milch
- 1 Zweig frische Minze*
- 250 g gemischte Waldbeeren (tiefgefroren)

Zubereitung:

Die tiefgefrorenen Waldbeeren zum Auftauen in eine große Schüssel geben.

Die Schale der Zitronen dünn abreiben und zugedeckt beiseite stellen.

Den Saft der Zitronen auspressen.

Puderzucker in eine Schüssel sieben.

Joghurt, Zitronensaft, Puderzucker und Milch glatt rühren.

Den Zitronenjoghurt im Kühlschrank durchkühlen lassen.

Die Minze in feine Streifen schneiden.

Die Waldbeeren auf Dessertschälchen verteilen.

Den eiskalten Zitronenjoghurt schaumig aufschlagen, die Zitronenschale und die Minzblättchen hinzugeben und unterrühren.

Den Joghurtschaum über die Beeren verteilen und servieren.

Grießflammeri

(4 Portionen)

Man nehme:

- 500 ml Milch
- 1 Päckchen Vanillezucker
- 80 g Zucker
- 1 Prise Salz
- 70 g Grieß
- geriebene Schale einer Zitrone
- 2 Eier

Zubereitung:

Milch und Vanillezucker zum Kochen bringen, den Grieß nach und nach unter Rühren einstreuen und aufkochen lassen.

Die Zitronenschale hineinreiben und den Grießbrei wenige Minuten quellen lassen.

Die Eier trennen. Das Eigelb schaumig schlagen und unter den Grießbrei ziehen. Den Topf vom Herd nehmen.

Das Eiweiß steif schlagen und ebenfalls unter den Grieß ziehen.

Die Grießcreme in kalt ausgespülte Förmchen oder Tassen geben und durchkühlen lassen.

Vor dem Servieren die Creme stürzen.

Tipp: Je nach Geschmack kann man Obstkompott oder frischen Obstsalat dazu reichen.

Ananassalat mit Eierlikörsahne

(6-8 Portionen)

Man nehme für den Salat:

- 1 frische Ananas, ersatzweise 1 Dose Ananas
- 2 Kiwis
- 250 g blaue Weintrauben
- 2 säuerliche Äpfel
- 30 g Haselnüsse
- 3 EL Pistazien

Man nehme für die Salatsauce:

- 5 EL Ananassaft
- 2-3 EL Zitronensaft
- 2 cl Kirschwasser

Man nehme für die Eierlikörsahne:

- 200 ml Sahne
- 1 TL Zucker
- 1/2 Päckchen Vanillezucker
- 4-8 cl Eierlikör

Zubereitung:

Die Ananas, Kiwis und Äpfel schälen und in mundgerechte Stücke in eine große Schüssel schneiden. Die Weintrauben von den Zweigen pflücken und als ganze oder halbierte Beeren zu den übrigen Früchten geben.

Die Haselnüsse und Pistazien hacken und unter den Fruchtsalat heben. Alle Saucenzutaten verrühren, über die Früchte gießen und unterheben. Den Ananassalat kalt stellen.

Die Sahne steif schlagen und zum Schluss Zucker, Vanillezucker und Eierlikör kurz unterziehen.

Den Ananassalat auf Dessertteller verteilen und die Eierlikörsahne dazu reichen.

Johannisbeercrumble

(4 Portionen)

Man nehme:

- 500 g Johannisbeeren, ersatzweise gefrorene Waldbeeren
- 200 g Butter
- 200 g gehackte Mandeln
- 200 g Zucker
- 3 Päckchen Vanillezucker
- 1 Prise Salz
- 240 g Mehl
- Fett für die Form
- 1-2 EL Puderzucker*

Zubereitung:

Die Beeren waschen und mit einer Gabel von den Stielen streifen.
Den Backofen auf 200 Grad (Gas 4) vorheizen und eine Auflaufform ausfetten.

Die Butter in einem Topf bei geringer Hitze schmelzen. Die flüssige Butter in eine Schüssel geben und mit den Mandeln, dem Zucker, der Hälfte des Vanillezuckers, einer Prise Salz und dem Mehl zu Krümeln verarbeiten.
Die Hälfte der Streusel in die Auflaufform streuen und die Beeren darauf verteilen. Dann die restlichen Streusel auf die Johannisbeeren geben.
Den Kuchen im heißen Ofen 25 Minuten knusprig backen. Den Ofen ausschalten und das Dessert langsam darin abkühlen lassen.
Vor dem Servieren den Johannisbeercrumble mit dem restlichen Vanillezucker und dem Puderzucke bestreuen.

Honigeis
(4 Portionen)

Man nehme:
- 200 g Joghurt
- 1 Päckchen Vanillezucker
- abgeriebene Schale einer halben Zitrone
- 5-6 EL aromatischer Honig (Tannen- oder Waldhonig)
- 200 ml Sahne

Zubereitung:
Den Joghurt mit Honig, Vanillezucker und geriebener Zitronenschale verrühren.

Die Sahne steif schlagen und vorsichtig unter die Honigcreme heben. Die Masse in eine Schüssel geben und in den Tiefkühlschrank stellen. Während des Frierprozesses hin und wieder umrühren, damit das Eis cremig bleibt. Nach etwa 6 Stunden kann man es servieren.

Schlemmer-party

Mousse au chocolat
(6-8 Portionen)

Man nehme:
- 300 g Zartbitterschokolade
- 5 Eier
- 250 ml Sahne
- 2 EL Cognac
- 1 TL Instantkaffee

Zubereitung:
Die Schokolade in Stücke brechen, im warmen Wasserbad schmelzen und abkühlen lassen.
Die Eier trennen und das Eiweiß zu steifem Schnee schlagen.
Den Instantkaffee im Cognac auflösen.
Die Sahne steif schlagen.
Das Eigelb und den aufgelösten Kaffee mit der flüssigen Schokolade verrühren und Eischnee und Sahne vorsichtig unterheben.
Die Mousse vor dem Servieren einige Stunden kalt stellen.

Vanillecreme mit Weinsauce

(4-6 Portionen)

Man nehme für die Creme:
- 500 ml Milch
- 1 Päckchen Vanillezucker
- 1 Prise Salz
- 2 EL Zucker
- 30 g Speisestärke
- 2 Eiweiß

Man nehme für die Sauce:
- 2 Eigelb
- 4 EL Zucker
- Saft einer Zitrone
- abgeriebene Zitronenschale
- 125 ml Weißwein
- 1,5 TL Speisestärke

Zubereitung:

Milch, Vanillezucker, Salz und Zucker zum Kochen bringen. Bei geringer Hitze die Speisestärke einrühren, ohne dass Klümpchen entstehen – die Stärke eventuell vorher in wenig Wasser verquirlen.

Die Eier trennen, das Eiweiß zu Schnee schlagen und anschließend unter die Creme heben. Bei geschlossenem Deckel kurz stocken und dann in einer Glasschüssel auskühlen lassen.

Die Zutaten für die Sauce werden kalt miteinander verquirlt und im heißen, aber nicht kochenden Wasserbad zu einer dicken Sauce geschlagen.

Vor dem Servieren wird die kalte Vanillecreme auf Schüsselchen verteilt und mit der Sauce übergossen.

Rote Grütze
(4 Portionen)

Man nehme:
- 500 g gemischte Waldbeeren (tiefgefroren)
- 1 EL Speisestärke
- 75 g Zucker
- 1 EL Vanillezucker
- 250 ml roten Fruchtsaft

Zubereitung:
Die Waldbeeren auftauen lassen und einige schöne Beeren beiseite legen.
Die Speisestärke mit etwas Fruchtsaft glatt rühren.
Die Früchte mit Zucker und Vanillezucker kurz zum Kochen bringen, so dass die Waldbeeren nicht zerfallen.
Die Speisestärke unter Rühren angießen und kurz aufkochen lassen.
Die Grütze vom Herd nehmen und die beiseite gelegten Beeren darunter mengen.
Das Dessert in Schalen füllen und gut gekühlt servieren.

Tipp: Dazu kann Vanilleeis oder Vanillesauce (s. S. 42f.) gereicht werden.

Tiramisù

(4 Portionen)

Man nehme:
- 2 Eigelb
- 2 EL Zucker
- 4 EL heißes Wasser
- 250 g Mascarpone*
- abgeriebene Zitronenschale
- 80 ml Espresso
- 5 EL Amaretto oder Weinbrand
- 125 g Löffelbiskuit
- 1 EL Kakaopulver

Zubereitung:
Eigelb und Zucker sehr schaumig schlagen und nach und nach das heiße Wasser hinzugeben.
Mascarpone und Zitronenschale unterrühren.

Espresso und Alkohol verrühren und die Löffelbiskuits so lange hineintauchen, bis die Flüssigkeit satt eingedrungen ist. Ein Löffelbiskuit neben das andere als Boden in eine Glasform legen.

Die Hälfte der Mascarponecreme darauf verstreichen und eine zweite Schicht getauchte Biskuits schichten. Darüber die übrige Mascarponecreme verteilen.

Die Glasform ins Tiefkühlfach stellen und das Tiramisu durchfrieren lassen.

Etwa 2-3 Stunden vor dem Servieren im Kühlschrank antauen lassen und dann reichlich mit Kakao bestäuben.

Panna Cotta auf Beerenmus

(4 Portionen)

Man nehme für die Panna Cotta:
- 500 ml Sahne
- 2 EL Zucker
- 1 Päckchen Vanillezucker
- 35 g Speisestärke

Man nehme für das Beerenmus:
- 150 g gemischte Waldbeeren (tiefgefroren)
- 2 EL Puderzucker*
- 2 EL Orangenlikör

Zubereitung der Panna Cotta:
300 ml Sahne, Zucker und Vanillezucker in einem Topf bei mittlerer Hitze verrühren und etwa 20 Minuten köcheln lassen.

Die Speisestärke mit der restlichen Sahne verquirlen, unter Rühren in die köchelnde Sahne gießen und noch einmal kurz aufkochen lassen. Die Panna Cotta in 4 Förmchen oder Tassen gießen und einige Stunden im Kühlschrank erstarren lassen.

Zubereitung des Beerenmuses:
Die Waldbeeren auftauen lassen, einige davon zum Garnieren beiseite legen und die übrigen zusammen mit dem Puderzucker und dem Orangenlikor purieren.

Das Beerenmus auf 4 Dessertteller verteilen und die eiskalte Panna Cotta darauf stürzen. Vor dem Servieren mit den ganzen Beeren garnieren.

Vanillesoufflé

(4 Portionen)

Man nehme:

- 125 ml Milch
- 3 EL Zucker
- 1 Päckchen Vanillezucker
- 75 g Butter
- 50 g Mehl
- 5 Eiweiß
- 4 Eigelb
- 1 Prise Salz
- Saft und geriebene Schale einer halben Zitrone
- Puderzucker* zum Bestäuben

Zubereitung:

Den Backofen auf 220 (Gas 4) vorheizen. 4 feuerfeste Förmchen oder Schüsselchen ausfetten und mit Zucker ausstreuen.

Milch, Salz und Vanillezucker aufkochen.

Butter und Mehl verkneten und nach und nach in die Milch rühren. Sobald die Milch sämig ist, vom Herd nehmen und 1 Eiweiß unterrühren.

4 Eigelb schaumig schlagen und ebenfalls unterziehen.

4 Eiweiß zusammen mit Zucker, Zitronensaft und geriebener Zitronenschale steif schlagen und unter die Masse rühren. Diese in die Förmchen oder Schüsselchen füllen und etwa 25 Minuten goldbraun backen.

Vor dem Servieren mit Puderzucker bestäuben.

Mandel-Sahne-pudding

(4 Portionen)

Man nehme:

- 150 g Mandeln
- Mandelblättchen zum Garnieren
- 500 ml Milch
- 35 g Speisestärke
- 2 Eigelb
- 100 g Zucker
- 125 ml Sahne

Zubereitung:

Die Mandeln mit heißem Wasser überbrühen und kurz weichen lassen. Anschließend die Mandeln aus der Haut drücken, fein hacken und mit der Milch übergießen. Drei Stunden ziehen lassen.

Die Mandelmilch durch ein Sieb gießen und die Hälfte zum Kochen bringen.

Die zweite Hälfte mit Speisestärke, Eigelb und Zucker verquirlen und unter die köchelnde Milch rühren. Die Creme abkühlen lassen.

Die Sahne in der Zwischenzeit steif schlagen und einen Teil davon unter die Creme heben. Diese anschließend auf Schüsselchen verteilen und mit dem Rest der geschlagenen Sahne und den Mandelblättchen garnieren.

Eiercreme
(4 Portionen)

Man nehme:
- 300 g Zucker
- 1 Tasse Wasser
- 100 g Reis
- 12 Eigelb

Zubereitung:
Den Reis in reichlich Wasser 5-10 Minuten weich kochen.

In der Zwischenzeit Zucker und Wasser unter Rühren so lange erhitzen, bis er von einem Löffel in einem dicken Faden herunterläuft.

Den weichen Reis abgießen und durch ein Sieb passieren.

Bei geringer Hitze die Zuckermasse unter die Reiscreme rühren.

Die Eigelbe sehr schaumig schlagen und bei mittlerer Hitze unter die Reiscreme rühren.

Die Eiercreme nochmals durch ein Sieb in eine Glasschüssel passieren und vor dem Servieren abkühlen lassen.

Orangenpudding

(6 Portionen)

Man nehme:
- 200 g Zucker
- 6 Eier
- 150 ml Milch
- 150 ml frisch gepressten Orangensaft, ersatzweise aus dem Karton
- Butter zum Ausfetten der Form

Zubereitung:

Den Backofen auf 180 Grad (Gas 3) vorheizen und ein Wasserbad hineinstellen, in welches eine Napfkuchen- oder Puddingform hineinpasst.

Die Form ausfetten und mit 130 g Zucker bestreuen.

Eier, Milch, Orangensaft und den restlichen Zucker gut mixen und in die Form gießen.

Die Form in das Wasserbad in den Backofen stellen und so lange darin backen, bis beim Einstechen eines spitzen Messers keine Puddingmasse mehr daran klebt.

Der Pudding sollte gut auskühlen, bevor man ihn stürzt und serviert.

Kleine Naschkatzen

Crêpetorte
(4 Personen)

Man nehme für den Crêpeteig:
- 80 g Mehl
- 1 TL Vanillezucker
- 2 Eier
- 1 Eigelb
- 100 ml Milch
- 100 ml Mineralwasser mit Kohlensäure
- 1 Prise Salz
- Sonnenblumenöl oder Butter zum Braten

Man nehme für die Füllung:
- Nutoka
- frisches Obst der Saison: Äpfel, Erdbeeren, Waldbeeren, Aprikosen, Pfirsiche o. Ä., ersatzweise gemischte Waldbeeren oder exotische Früchte aus der Tiefkühltruhe
- Kakao oder Puderzucker* zum Bestäuben

Zubereitung:
Mehl, Salz, Eier, Eigelb und Vanillezucker schaumig schlagen. Milch
und Mineralwasser unter Schlagen
angießen. Den Teig eine halbe bis
Dreiviertelstunde ruhen lassen.

Butter oder Öl in einer großen Pfanne erhitzen und den Teig mit einer
Kelle unter Schwenken der Pfanne
dünn verteilen. Beidseitig goldbraun
backen.

Den Crêpe auf einem großen Teller
abkühlen lassen und in der Zwischenzeit den nächsten braten.

Früchte der Saison waschen, schälen, in Stücke schneiden und pürieren. Die gefrorenen Früchte müssen
rechtzeitig vor dem Pürieren aufgetaut werden

Den ersten Crêpe mit Nutoka bestreichen. Den nächsten darauf
schichten und mit dem Obstpüree
bestreichen usw.

Der letzte Crêpe schließt die Torte
nach oben hin ab. Im Kühlschrank
durchkühlen lassen und vor dem
Servieren mit Puderzucker oder
Kakao bestäubt in Viertel schneiden.

Waldbeerenkalt-schale

(4 Portionen)

Man nehme:

- 500 g gemischte Waldbeeren (tiefgefroren)
- 125 ml roten Fruchtsaft
- 1 Päckchen Vanillezucker
- Saft einer Zitrone
- 50 g gemahlene Mandeln
- 1 Msp. Zimt
- 100 ml Kondensmilch

Zubereitung:

Die Waldbeeren auftauen lassen und einige Früchte zum Garnieren herauslesen.

Die Mandeln überbrühen, aus ihrer Haut herausdrücken und mahlen.

Die übrigen Früchte, den Fruchtsaft, Vanillezucker, Zitronensaft, Zimt und die gemahlenen Mandeln pürieren.

Die Kondensmilch unterrühren und die Kaltschale anschließend durchkühlen lassen.

Die Waldbeerenkaltschale auf 4 Schüsseln oder Dessertschalen verteilen und mit den ganzen Früchten garnieren.

Zimtküchlein

(4 Portionen)

Man nehme:

- 1½ Tassen Wasser
- 2 EL Butter
- 200 g Mehl
- 30 g Speisestärke
- 4 Eier
- 1 EL Zucker
- geriebene Zitronenschale
- 1 Prise Salz
- Zucker und Zimt
- Öl oder Butter zum Braten

Zubereitung:

Wasser, Butter, Zucker, geriebene Zitronenschale und eine Prise Salz gut quirlen und unter Rühren zum Kochen bringen. Mehl und Speisestärke einrühren, den Topf vom Herd nehmen und die Eier unterrühren.

Öl oder Butter in einer Pfanne erhitzen, mit einem Esslöffel den Teig in Form kleiner Puffer hineinlöffeln und beidseitig goldbraun braten.

Vor dem Servieren in Zucker und Zimt wenden.

Tipp: Servieren Sie die Zimtküchlein mit Apfelmus.

Grießauflauf mit gefüllten Birnen

(4 Portionen)

Man nehme:
- 4 Birnen
- 4 EL Preiselbeeren aus dem Glas
- 125 g Zucker
- 1 Msp. Zimt
- 2 Gewürznelken
- 3 Eier
- 75 g Butter
- 1 Päckchen Vanillezucker
- 150 ml Sahne
- geriebene Schale einer Zitrone
- 500 g Magerquark
- 75 g Grieß
- Butter zum Ausfetten der Form
- Puderzucker* zum Bestäuben

Zubereitung:

Die Birnen schälen, halbieren, entkernen und mit 1 EL Zucker, Zimt und Nelken in wenig Wasser etwa 10 Minuten bei geringer Hitze weich dünsten.

Die Eier in der Zwischenzeit trennen, die Eiweiße steif und die Eigelbe mit dem restlichen Zucker schaumig schlagen.

Die Butter in einer kleinen Pfanne schmelzen und anschließend mit dem Eigelbschaum und dem Vanillezucker verrühren.

Die Sahne steif schlagen und zusammen mit der geriebenen Zitronenschale unter den Quark heben.

Den Grieß in die Eigelbcreme rühren und mit dem Sahnequark vermengen.

Zum Schluss den Eischnee unterheben.

Den Backofen auf 200 Grad (Gas 4) vorheizen.

Eine Auflaufform fetten und die Hälfte des Teigs hineingießen und verteilen.

Die Birnen mit Hilfe eines Schöpflöffels mit der Schnittfläche nach oben hineinsetzen. Die Preiselbeeren in die Kerngehäusemulde löffeln und anschließend den restlichen Teig darüber verteilen.

Den Grießauflauf etwa 45 Minuten goldbraun backen, mit Puderzucker bestäuben und warm servieren.

Beerenquark mit Orangen

(4 Portionen)

Man nehme:
- 500 g Quark (20% Fett i. Tr.)
- 50 ml Sahne
- 2 EL Honig
- 200 g Blaubeeren oder andere Waldbeeren der Saison, ersatzweise tiefgefrorene
- 2 Orangen

Zubereitung:
Die Orangenschale in den Quark reiben und zusammen mit Sahne, Beeren und Honig schaumig schlagen.

Die Orangen bis auf das Fruchtfleisch schälen und filetieren. Den Saft auffangen und in den Quark rühren.

4 Orangenfilets beiseite legen, die übrigen auf die Dessertschalen oder -teller verteilen und mit der Quarkcreme übergießen. Jede Schale mit einem Orangenfilet garnieren. Gut gekühlt servieren.

Armer Ritter mit Vanillesauce

(4 Portionen)

Man nehme:

- 4 Scheiben Toastbrot oder ältere Milchbrötchen
- 200 ml Milch
- 2 Eier
- Zucker und Zimt
- Butter zum Braten

Zubereitung:

Die Butter in einer Pfanne erhitzen. Milch und Eier verquirlen und die Toastbrotscheiben kurz darin weichen lassen. Anschließend auf einem zweiten Teller die Flüssigkeit etwas ausdrücken und auf einem dritten Teller in Zucker und Zimt wenden. Die Brote in der heißen Butter goldbraun braten und warm mit Vanillesauce (s. S. 42f.) servieren.

Blaubeerpfann-kuchen

(4 Portionen)

Man nehme:

- 500 g Blaubeeren, ersatzweise gemischte Waldbeeren (tiefgefroren)
- 3 Eier
- 375 ml Milch
- 200 g Mehl
- 2 TL Backpulver
- 1 El Zucker
- 1 Prise Salz
- 1 Msp. gemahlenen Zimt
- Butter zum Braten
- Puderzucker* zum Bestäuben

Zubereitung:
Die Heidelbeeren verlesen, waschen und abtropfen lassen.

Die Eier trennen. Eigelb und Milch verquirlen.

Mehl, Backpulver, Zucker, Salz und Zimt in einer Schüssel vermengen und in die Mitte der Masse eine Mulde drücken, in die hinein der Milch-Eigelb-Mix gegossen wird.

Eiweiß steif schlagen und unter den Teig ziehen.

Butter in einer Pfanne erhitzen, den Pfannenboden dünn mit Teig begießen, durch Schwenken gleichmäßig verteilen, darauf Blau- oder Waldbeeren geben und diese wiederum mit Teig übergießen.

Die Pfannkuchen beidseitig goldbraun backen und im niedrig vorgeheizten Backofen warm halten, bis alle Pfannkuchen gebacken sind.

Vor dem Servieren die Blaubeerpfannkuchen mit Puderzucker bestäuben.

Schokoladenpudding mit Vanillesauce

(4 Portionen)

Man nehme für den Schokoladen-pudding:

- 50 g Zartbitterschokolade
- 500 ml Milch
- 20 g Speisestärke
- 1 EL Kakao
- 50 g Zucker
- 80 g gemahlene Haselnüsse

Zubereitung:

Die Schokolade in kleine Stücke brechen und zusammen mit 250 ml Milch zum Kochen bringen. Dabei beständig rühren.

Speisestärke, Kakao und Zucker mit der restlichen Milch verquirlen, in die kochende Schokoladenmilch rühren und nochmals unter Rühren aufkochen lassen.

Die gemahlenen Haselnüsse unter den Pudding rühren und in einer kalt ausgespülten Glasschale kühlstellen.

Zubereitung der Vanillesauce s. S. 42f.

Quarkgrießnockerln mit Fruchtsalat und Vanillesauce

(4-6 Portionen)

Man nehme für die Quarkgrießnockerln:
- 500 ml Milch
- 120-150 g Grieß
- 250 g Quark
- 100-150 g Butter
- 1 EL Zucker
- 100-150 g Paniermehl

Man nehme für den Fruchtsalat:
- 1 kg verschiedene Früchte der Saison
- Saft einer halben bis ganzen Zitrone, je nach Geschmack
- 1 Päckchen Vanillezucker
- Zucker nach Belieben

Zubereitung:
Die Milch aufkochen lassen und den Grieß einrühren. Die Menge des Grießes nach der gewünschten Konsistenz des Grießpuddings bemessen – sie sollte fester als Pudding sein. Den Grießpudding anschließend kalt stellen.

Den Quark unter den kalten Grießpudding rühren und wieder im Kühlschrank fest werden lassen.

In der Zwischenzeit die Früchte waschen, schälen und mundgerecht klein schneiden. Mit Zitrone, Vanillezucker und Zucker abschmecken.

Die Butter in einer Pfanne schmelzen und den Zucker darin auflösen. Mit zwei Esslöffeln vom Quarkgrieß Nockerln stechen und in der Pfanne anbraten.

Das Paniermehl auf einen Teller streuen und die gebratenen Nockerln darin rasch wenden.

Die Quarkgrießnockerln sofort auf Dessertteller verteilen und den Obstsalat dazu reichen.

Tipp: Dazu kann Vanillesauce (s. S. 42f.) gereicht werden.

Wackelpeter

(4 Portionen)

Man nehme:
- 750 ml Milch
- 80 g Zucker
- 90 g Speisestärke
- 30 g Mandeln
- abgeriebene Schale einer Zitrone
- 2-3 Eier

Zubereitung:
Die Mandeln mit heißem Wasser überbrühen und kurz weichen lassen. Anschließend aus der Haut drücken und auf einer feinen Reibe raspeln.

Die Eier trennen und das Eiweiß zu steifem Schnee schlagen.
In 1/2 l Milch den Zucker, die geriebenen Mandeln, die mit der restlichen Milch verquirlte Speisestärke, die Eigelbe und die Zitronenschale unter Rühren sämig kochen. Nach kurzem Abkühlen den Eischnee unterziehen und die Masse in eine mit kalter Milch ausgespülte Form füllen. Nach dem Festwerden wird der Wackelpeter gestürzt.

Tipp: Dazu serviert man eine Schokoladensauce (s. S. 96) oder eine Fruchtsauce (z.B. die Orangensauce s. S. 106f.).

Haselnusspudding

(4 Portionen)

Man nehme:

- 180 g gemahlene Haselnüsse
- 130 g Zucker
- 4-6 Eier
- abgeriebene Schale einer halben Zitrone
- Butter zum Ausfetten der Puddingform (mit Deckel!)

Zubereitung:
Die Eier trennen. Das Eigelb zusammen mit dem Zucker schaumig rühren und das Eiweiß zu steifem Schnee schlagen.
Unter den Eigelbschaum die Zitronenschale, die Haselnüsse und den Eischnee heben.

Die Puddingform ausfetten und die Masse einfüllen.
Einen breiten Topf mit Wasser füllen, sodass die Form bis zur halben Höhe im Wasser steht. Den Pudding mit dem Deckel gut verschließen und 1 Stunde im Wasserbad auf dem Herd bei mittlerer Hitze kochen. Der Nachtisch ist fertig, wenn bei einer Stichprobe an der Nadel nichts mehr von dem gestockten Pudding hängen bleibt. Nach 10-minütigem Ausdampfen kann er gestürzt und serviert werden.

Wenn's draußen schneit

Haselnuss-Birnen-Törtchen
(4 Portionen)

Man nehme:
- 150 ml Milch
- 1 Päckchen Vanillezucker
- 2 Eigelb
- 4 Eiweiß
- Saft einer halben Zitrone

- 3 EL Zucker
- 2 EL Mehl
- 75 g ganze oder gemahlene Haselnüsse
- 1 reife Birne
- Butter zum Ausfetten der Förmchen
- Puderzucker* zum Bestäuben

Zubereitung:
Den Backofen auf 175 Grad (Gas 3) vorheizen.

Ganze Haselnüsse in einer Pfanne ohne Fett rösten und danach mahlen oder bereits gemahlene Haselnüsse nur kurz rösten.

Die Milch zusammen mit dem Vanillezucker erhitzen, anschließend vom Herd nehmen und 10 Minuten zugedeckt ziehen lassen.

Die Eigelbe in der Zwischenzeit mit der Hälfte des Zuckers schaumig schlagen und das Mehl nach und nach hinzugeben.

Die warme Milch an die Eigelbmasse unter Rühren gießen, bei schwacher Hitze in einem Topf erwärmen und 2 Minuten leicht köcheln lassen.

Eine Schüssel kalt ausspülen, die Creme hineingießen und unter Rühren etwas abkühlen lassen. Dann die gemahlenen Haselnüsse unterrühren.

Die Birne schälen, vierteln, entkernen und mit dem Saft einer halben Zitrone pürieren. Das Birnenpüree unter die Haselnussmasse rühren.

Die Eiweiße mit dem restlichen Zucker steif schlagen und ebenfalls unterheben.

Die Förmchen fetten, die Masse hineinfüllen und die Törtchen im Backofen ca. 15-20 Minuten goldbraun backen.

Vor dem Servieren mit Puderzucker bestäuben.

Gefüllter Backapfel

(4 Personen)

Man nehme:

- 4 große säuerliche Äpfel
- Zucker und Zimt
- 2 Hand voll Rosinen
- 2 cl Calvados oder kräftigen Weißwein
- 4 EL Butter

Zubereitung:

Die Äpfel gründlich waschen und das Kerngehäuse ausstechen. Rosinen, Zucker, Zimt und Calvados oder Wein vermengen.

Eine gläserne Backform mit zwei EL Butter reichlich fetten. Die ausgestochenen Äpfel mit der Stielmulde nach oben hineinsetzen, mit der Rosinenmasse füllen und einen halben Esslöffel Butter auf jeden Apfel setzen.

Bei 200 Grad (Gas 4) 15 Minuten im Backofen backen.

Honigparfait
(4 Portionen)

Man nehme:
- 3 Eigelb
- 2 Eiweiß
- 2 EL Honig
- 1 TL gemahlenen Zimt
- 250 ml Sahne

Zubereitung:
Eigelb, Honig und Zimt im heißen Wasserbad schaumig schlagen. Die Schüssel anschließend in kaltes Wasser stellen und die Creme unter Schlagen abkühlen lassen.

Eiweiß und Sahne getrennt steif schlagen und unter die Eigelbcreme heben.

Die Masse in 4 Förmchen oder Tassen füllen und im Gefrierfach anfrieren lassen.

Vor dem Servieren auf Dessertteller stürzen.

Tipp: Dazu kann das Beerenmus (s. S. 53) gereicht werden.

Beschwipster Mandel-Rosinen-Auflauf

(4 Portionen)

Man nehme:

- 80 g Rosinen
- 4 EL Rum
- 100 g Butter
- 80 g Puderzucker*
- 100 g Mehl
- 250 ml Milch
- 4 Eier
- 1 Prise Salz
- 1 TL Zitronensaft
- 100 g Mandeln
- Butter zum Ausfetten der Form

Zubereitung:

Die Mandeln mit heißem Wasser übergießen und weichen lassen.

Die Rosinen eine Stunde lang in Rum einlegen.

Die Butter zusammen mit dem Puderzucker schaumig schlagen und nach und nach das Mehl und die Milch unter beständigem Rühren hinzugeben.

Den Teig in einen Topf geben und bei mittlerer Hitze unter Rühren erwärmen, bis die Masse einen Kloß bildet, der anschließend in eine Schüssel umgefüllt wird.

Die Eier trennen. Das Eigelb unter den Teig rühren und das Eiweiß mit etwas Salz und Zitronensaft steif schlagen.

Den Backofen auf 200 Grad (Gas 4) vorheizen.

Die Mandeln aus der Haut herausdrücken, 80 g hacken und unter den Teig rühren, die restlichen 20 g Mandeln mahlen und die gefettete Auflaufform damit bestreuen.

Die Rosinen abtropfen lassen und ebenfalls unter den Teig mengen.

Den Teig in die Auflaufform geben, 40-45 Minuten goldbraun backen und warm servieren.

Zimtparfait mit Rumpflaumen

(6 Portionen)

Man nehme:

- 300 g Dörrpflaumen
- 100 ml Wasser
- 12 cl Rum
- 4 Gewürznelken
- 130 g Zucker
- 500 ml Sahne
- 3 Eier
- 1 Prise Salz
- 1 TL gemahlenen Zimt

Zubereitung:
Dörrpflaumen, Wasser, Rum, Nelken und 20 g Zucker zum Kochen bringen und bei geringer Hitze ziehen lassen, bis die Pflaumen weich sind.

Die Sahne steif schlagen. Die Eier mit dem restlichen Zucker und der Prise Salz sehr schaumig schlagen, den Zimt dazugeben und die Sahne unterheben.

Eine Kastenform mit Alufolie auskleiden und ringsum 5 cm Folie dazugeben.

Die Parfaitmasse einfüllen und mit der überstehenden Alufolie abdecken. Im Gefrierfach gut durchfrieren lassen.

Die Nelken aus dem Pflaumensud nehmen.

Das Parfait 15 Minuten vor dem Servieren aus dem Gefrierfach herausnehmen, stürzen, in Scheiben schneiden und zusammen mit den Pflaumen und etwas Sud auf Desserttellern servieren.

Grapefruits mit Mandelbaiserhäubchen

(4 Portionen)

Man nehme:

- 3 Eiweiß
- 1 Prise Salz
- 125 g Zucker
- 2 Päckchen Vanillezucker
- 1 TL Zitronensaft
- 2 Grapefruits
- 2 EL flüssiger Honig
- 2 EL Orangenlikör
- 4 EL Mandelblättchen

Zubereitung:

Eiweiß und Salz steif schlagen. Zucker, Vanillezucker und Zitronensaft nach und nach unter Schlagen zugeben.

Die Grapefruits halbieren, das Fruchtfleisch herauslösen und in kleine Stücke schneiden. 4 EL der Fruchtstücke in vier Häufchen auf ein gefettetes Blech geben. Den Rest wieder in die Grapefruithälften füllen.

Orangenlikör und Honig vermengen und über die Grapefruithälften verteilen.

Den Backofen auf 250 Grad (Gas 6) vorheizen.

Die Grapefruithäufchen auf dem Backblech mit dem Eischnee bedecken und die Mandelblättchen darüber streuen. Die Baisers etwa 4-5 Minuten goldbraun backen und anschließend auf die Grapefruithälften setzen.

Orangencreme

(5 Portionen)

Man nehme:

- 100 ml Milch
- 2 Eier
- 60 g Zucker
- 1/2 Päckchen Vanillezucker
- 150 ml frisch gepressten Orangensaft
- 100 ml Sahne
- 10-15 g Speisestärke
- abgeriebene Orangenschale zum Garnieren
- 5 TL Orangenlikör

Zubereitung:

Die Milch aufkochen. Die Eier trennen. Eigelb, Zucker und Vanillezucker in einer großen Schüssel schaumig schlagen, die heiße Milch langsam angießen und 5 Minuten weiterschlagen.

Die Speisestärke im Orangensaft klar quirlen, langsam erhitzen, kurz köcheln und danach unter Rühren abkühlen lassen.

Den Orangensirup vorsichtig unter den Eigelbschaum rühren.

Eiweiß und Sahne getrennt steif schlagen und unter den Orangenschaum heben.

Die Creme einige Stunden kalt stellen.

Mit zwei Esslöffeln Nocken abstechen und auf Tellern anrichten.

Geriebene Orangenschale darüber streuen und mit Orangenlikör beträufeln.

Ananasquarkcreme

(6 Portionen)

Man nehme:

- 500 g Ananasstücke aus der Dose
- 1 Päckchen Vanillepuddingpulver
(ersatzweise 1 Päckchen Vanillezucker
und 30 g Speisestärke)
- 60 g Zucker
- 500 g Quark
- Saft einer Zitrone
- 400 ml Sahne

Zubereitung:

Die Ananasstücke in einem Sieb abtropfen lassen und den Saft auffangen.

Den Saft mit Wasser auf 500 ml auffüllen. Davon 125 ml abfüllen und den Rest zum Kochen bringen.

Puddingpulver oder Speisestärke und Vanillezucker in dem restlichen kalten Saft auflösen, nach und nach in den köchelnden Saft rühren und aufkochen lassen.

Die Ananascreme vom Herd nehmen und Quark und Zitronensaft unterrühren.

Einige Ananasstücke zum Garnieren beiseite legen und die restlichen unter die Quarkcreme rühren.

Die Sahne schlagen und unterheben. Die Ananasquarkcreme auf 6 Schalen verteilen und mit den Fruchtstücken garniert servieren.

Krokantparfait
(4 Portionen)

Man nehme für den Krokant:
- 50 g Zucker
- 50 g Mandeln

Man nehme für das Parfait:
- 250 ml Sahne
- 100 g Zucker
- 3 Eiweiß

Zubereitung des Krokants:
Zucker und ganze ungeschälte Mandeln in einem Topf erhitzen. Sobald der Zucker beginnt zu schmelzen, mit einem Holzlöffel vorsichtig rühren, bis Mandeln und Zucker bräunlich werden.
Ein Backblech einfetten und die Masse darauf verteilen. Wenn sie durchgehärtet ist, in kleine Stücke brechen und hacken.

Zubereitung des Parfaits:
Die Sahne steif schlagen, zum Schluss zwei Drittel des Zuckers hinzufügen und noch einmal aufschlagen.

Den Krokant unter die Sahne mischen.

Die Eiweiße zu Schnee schlagen, den restlichen Zucker dazugeben und den Eischnee eine weitere Minute glänzend schlagen. Den Eischnee unter die Krokantmasse heben, diese anschließend in eine Kastenform füllen und glatt streichen.

Das Parfait über Nacht frieren lassen.

Vor dem Servieren die Form kurz in kaltes Wasser tauchen, den Rand mit einem Messer lösen, das Krokantparfait auf eine Platte stürzen und sofort servieren.

Haute cuisine

Crème caramel
(6 Portionen)

Man nehme für den Karamell:
- 1 TL Butter
- 125 Zucker
- 1 EL Weinbrand oder Cognac

Man nehme für die Crème:
- 400 ml Milch
- 100 ml Sahne
- 1 Päckchen Vanillezucker
- 75 g Zucker
- 1 Prise Salz
- 4 Eier

- Butter oder Öl zum Ausfetten der Förmchen

Zubereitung des Karamells:
6 feuerfeste Förmchen oder Tassen mit Butter oder Öl ausfetten.
Butter, Zucker und Weinbrand oder Cognac in einem Töpfchen unter Rühren anbräunen.
Den Karamell gleichmäßig auf alle Förmchen verteilen, sodass die Böden bedeckt sind.
Den Backofen auf 150-160 Grad (Gas 3) vorheizen und einen breiten Topf oder eine Kasserolle gut bodenbedeckend mit etwas Wasser füllen und hineinstellen.

Zubereitung der Crème:

Milch, Sahne und Vanillezucker erhitzen.

Zucker und Eier in einer Schüssel schaumig schlagen und nach und nach die heiße Vanillemilch unter Rühren angießen.

Die Crème durch ein Sieb in die Karamellförmchen einfüllen – nicht bis zum Rand, da sie etwas aufgeht.

Die Förmchen in das Wasserbad im Backofen stellen und mit Alufolie bedeckt ca. 40-45 Minuten stocken lassen.

Vor dem Servieren mehrere Stunden durchkühlen lassen, anschließend mit einem spitzen Messer die Crème caramel vom Rand der Förmchen lösen und auf Dessertteller stürzen.

Zitronenmousse

(6 Portionen)

Man nehme:
- 7 Eier
- 225 g Zucker
- 20 g Speisestärke
- 120 ml Zitronensaft
- 1 EL geriebene Zitronenschale
- 150 ml Sahne

Zubereitung:

Die Eier trennen. Eigelb, Zucker und abgeriebene Zitronenschale schaumig schlagen.

Die Speisestärke in den Zitronensaft quirlen, in einem Töpfchen kurz aufkochen und anschließend etwas abkühlen lassen.

Den Eigelbschaum in einer Schüssel in ein Wasserbad auf den Herd setzen, unter ständigem Rühren den gedickten Zitronensaft angießen und etwa 10 Minuten unter gelegentlichem Rühren stocken lassen. Dann die Schüssel aus dem Wasserbad herausnehmen.

Eiweiß und Sahne getrennt steif schlagen und beides vorsichtig unter den Zitronen-Ei-Schaum heben.

Die Zitronenmousse einige Stunden in Dessertgläsern oder -schüsseln kalt stellen.

Pfirsich-Sahne-Eis
(1 l Eiscreme)

Man nehme:
- 200 ml Sahne
- 200 ml Milch
- 2 Eier
- 125 g Zucker
- 1 Päckchen Vanillezucker
- 1 kg Pfirsiche, ersatzweise Nektarinen
- 1 EL Amaretto

Zubereitung:
Sahne, Milch und Vanillezucker in einem Topf aufkochen und anschließend abkühlen lassen.
Die Eier trennen. Eigelb und Zucker schaumig schlagen und unter Rühren sehr langsam die warme Vanillemilch angießen.
Die Eicreme erhitzen, aber nicht kochen, etwas eindicken lassen und anschließend für mindestens 1 Stunde kalt stellen.
In der Zwischenzeit die Pfirsiche oder Nektarinen überbrühen, die Haut abziehen, halbieren, entsteinen. Wenn zur Eiscreme warme Pfirsiche gereicht werden sollen, köcheln Sie 4-6 Fruchthälften in wenig Zuckerwasser. Die übrigen Pfirsiche werden in kleine Stücke geschnitten und zusammen mit dem Amaretto püriert. Das Pfirsichmus ebenfalls 1 Stunde kalt stellen.
Creme und Pfirsichmus vermengen und in einer verschließbaren Form im Tiefkühlfach durchfrieren lassen.

Tipp: Reichen Sie zu jeder Portion Eiscreme eine warme Pfirsichhälfte.

Mokkaparfait mit Sherryweintrauben

(4 Portionen)

Man nehme:

- 125 ml Sahne
- 2 Eigelb
- 30 g Zucker
- 2 EL heißes Wasser
- 3 TL Instantkaffee
- 100 g Weintrauben
- 6 cl Sherry
- 1/2 EL Zitronensaft

Zubereitung:

Die Sahne steif schlagen und kalt stellen.

Eigelb, Zucker und heißes Wasser in einer Schüssel schaumig schlagen.

Den Instantkaffee in wenig Wasser auflösen und unter Rühren an den Eischaum gießen.

Die Sahne unterheben.

Den Kaffee-Ei-Schaum in eine kleine Kastenform füllen und für etwa 3 Stunden ins Gefrierfach stellen.

Die Weintrauben heiß abwaschen und abtropfen lassen.

Sherry und Zitronensaft verrühren und die Weintrauben darin ziehen lassen, bis auch das Eis durchgefroren ist.

Das Mokkaparfait etwa 15 Minuten vor dem Servieren aus dem Tiefkühlfach herausnehmen, in 4 Scheiben schneiden und mit den eingelegten Trauben auf Dessertellern anrichten.

Rotweinbirnen mit Mascarponecreme

(4 Portionen)

Man nehme für die Rotweinbirnen:
- 4 Birnen
- 700 ml Rotwein
- 150 g Zucker
- 2 Gewürznelken
- 1 Msp. gemahlenen Zimt

Man nehme für die Mascarponecreme:
- 100 g Mascarpone*
- 3-4 EL Sahne
- 1 TL Vanillezucker

Zubereitung:

Die Birnen waschen, halbieren, schälen, das Kerngehäuse und den Blütenansatz mit einem spitzen Messer herausschneiden. Den Stiel nicht abschneiden. Die Früchte nebeneinander in eine Auflaufform setzen.

Den Backofen auf 200 Grad (Gas 4) vorheizen.

Rotwein, Zucker, Nelken und Zimt zum Kochen bringen und den Sud über die Birnen gießen.

Die Früchte im Backofen 1/2-1 Stunde garen und anschließend erkalten lassen.

In der Zwischenzeit für die Mascarponecreme alle Zutaten gut verrühren und kalt stellen.

Die Birnenhälften und etwas Sud auf Dessertteller verteilen und daneben ein Häubchen Mascarponecreme setzen.

Rotweinkirschen
(4 Portionen)

Man nehme:
- 500 g Kirschen
- 4 cl Kirschwasser
- 4 cl Portwein oder Sherry
- 250 ml Rotwein
- 60 g Zucker
- 1 Msp. gemahlenen Zimt
- 25 g Pistazien

Zubereitung:
Die Kirschen waschen, entsteinen und eine halbe Stunde im Kirschwasser einlegen.

Rotwein, Portwein oder Sherry, Zucker und Zimt zu einem Sirup köcheln lassen.

Die eingelegten Kirschen zusammen mit dem Kirschwasser in den Sud geben und 2-3 Minuten darin ziehen lassen.

Die Früchte in eine Schüssel umfüllen und kalt stellen.

Die Pistazien hacken.

Vor dem Servieren die Kirschen mit einigen Löffeln Sud auf Dessertschüsseln verteilen und mit den gehackten Pistazien bestreuen.

Tipp: Reichen Sie dazu Vanilleeis oder Vanillepudding (s. S. 31)

Teeparfait

(4 Portionen)

Man nehme:

- 2 EL Schwarzteeblätter
- 125 ml Wasser
- 3 Eigelb
- 100 g Zucker
- 2 EL flüssigen Honig
- 4 cl Rum
- 250 ml Sahne

Zubereitung:

Das Wasser zum Kochen bringen, über die Teeblätter gießen und nach 5 Minuten durch ein Sieb in ein anderes Gefäß gießen. Die Teeblätter dabei kräftig ausdrücken.

Eigelb, Zucker und Honig über einem heißen, aber nicht kochenden Wasserbad schaumig schlagen.

Unter Rühren abkühlen lassen und Tee und Rum dabei angießen.

Die Sahne steif schlagen und vorsichtig unterheben.

Den Teeschaum in eine Kastenform füllen und etwa 3 Stunden durchfrieren lassen.

Zitrussorbet mit Campari

(4 Portionen)

Man nehme:

- 150 g Zucker
- 125 ml frisch gepressten Orangensaft, ersatzweise aus dem Karton
- 125 ml Grapefruitsaft, ersatzweise aus dem Karton
- 100 ml Weißwein
- 8 cl Campari*
- 1 Eiweiß

Zubereitung:
Den Zucker in 5 EL Wasser auflösen und köcheln lassen, bis ein Sirup entsteht.

Orangen- und Grapefruitsaft, Wein und Campari unter Rühren angießen.

Das Eiweiß steif schlagen und unterziehen.

Den Fruchtschaum in einer Auflaufform ins Gefrierfach stellen und gelegentlich umrühren.

Sorbetnockerln mit einem Esslöffel ausstechen und auf Desserttellern anrichten.

Tipp: Das Fruchteis eignet sich auch für Champagnersorbet. Dafür 4 Sektgläser halb voll mit Champagner füllen, eine Sorbetkugel hineingleiten lassen und das Glas mit Champagner auffüllen.

Erdbeeren mit Orangenkaramell

(4 Portionen)

Man nehme:
- ☙ 300 g Erdbeeren
- ☙ 1 Bund Minze*
- ☙ 60 g Zucker
- ☙ 250 ml Orangensaft
- ☙ 1-2 EL Orangenschale
- ☙ 40 ml Orangenlikör

Zubereitung:

Die Erdbeeren waschen, gut abtropfen lassen, putzen und halbieren.
Die Minzeblättchen zur Hälfte klein schneiden, die übrigen Blättchen zum Garnieren beiseite legen.

Die Orangenschale in feine Streifen schneiden.
In einer Pfanne den Zucker goldbraun schmelzen. Den Orangensaft dazugießen und die Orangenschalen hineinrühren. Die Hitze reduzieren und die Sauce etwas einkochen und anschließend abkühlen lassen.
Die Erdbeeren in einer Schale mit dem Orangenkaramell und dem Orangenlikör übergießen, die Minzstreifen untermischen und die Früchte 10 Minuten marinieren.
Die Erdbeeren auf Dessertschälchen verteilen und mit Minzeblättern garnieren.

Bratapfeleis mit Rotweinäpfeln

(4-6 Portionen)

Man nehme:
- 8 Äpfel
- 2 EL Butter
- 2 TL Zimt
- 250 g Zucker
- 1 Päckchen Vanillezucker
- 500 ml Sahne
- 2 Eier
- 4 Eigelb
- 750 ml Rotwein
- geriebene Schale einer Orange
- 5 Pimentkörner
- 1 EL Korianderkörner
- 10 Gewürznelken

Zubereitung:

4 Äpfel schälen, vierteln und das Kernhaus herausschneiden. Die Äpfel mit der Butter, 1 TL Zimt und 40 g Zucker (2 gestrichene EL) in einer Auflaufform mischen und im Ofen bei 180 Grad (Gas 3) 20 Minuten backen. Anschließend die weichen Apfelschnitze mit dem Schneidstab pürieren.

Den Vanillezucker mit der Sahne aufkochen lassen. Die beiden Eier, die 4 Eigelb und 100 g Zucker schaumig schlagen. Die heiße Sahne nach und nach einrühren.

Die Eier-Sahne-Masse unter Rühren mit einem Schneebesen bei mittlerer Hitze erwärmen, bis eine leicht dickliche Creme entstanden ist. Das

Apfelmus unterrühren. Nach dem Abkühlen die Masse in das Gefrierfach stellen, bis sie vollkommen durchgefroren ist.

Den Rotwein mit dem restlichen Zucker, der Orangenschale, den angedrückten Piment- und Korianderkörnern, den Nelken und dem restlichen Zimt 5 Minuten köcheln lassen. Den Punsch vom Herd nehmen und die Gewürze 15 Minuten durchziehen lassen. Anschließend die Sauce durch ein Sieb gießen.

Die restlichen Äpfel schälen, das Kernhaus ausstechen und die Äpfel in 1 cm dicke Scheiben schneiden. Die Äpfel im Rotweinfond 1-2 Minuten köcheln, herausnehmen und abtropfen lassen. Den Sud zu einem zähflüssigen Sirup einkochen. Das Bratapfeleis auf Dessertschalen anrichten und mit den Apfelscheiben garnieren. Den Rotweinsirup darüberlöffeln und servieren.

Birne Helene
(4 Portionen)

Man nehme für die Birnen:
- 4 Birnen
- 2 EL Zitronensaft
- 500 ml Weißwein
- 150 g Zucker
- 1 Msp. gemahlenen Zimt
- 1 Streifen Zitronenschale

Man nehme für die Schokoladensauce:
- 100 g Zartbitterschokolade
- 4 cl Williams Birne
- 2 EL Sahne

- Puderzucker* zum Bestäuben
- Vanilleeis

Zubereitung der Birnen:
Die Birnen schälen, halbieren und entkernen. Anschließend rasch mit Zitronensaft beträufeln, damit die Früchte sich nicht braun verfärben. Wein, Zucker, Zimt und Zitronenschale köcheln lassen. Die Birnen 5-10 Minuten im Sud bissfest kochen und abkühlen lassen.

Zubereitung der Schokoladensauce:
Die Schokolade in kleine Stücke brechen und mit Williams Birne und Sahne im Wasserbad unter Rühren schmelzen lassen.

4 Dessertteller mit Puderzucker bestäuben, die Birnenhälften mit der

Schnittfläche nach oben darauf anrichten, in die Kernmulde je eine Kugel Vanilleeis legen und mit der lauwarmen Schokoladensauce übergießen.

Sahnequark-Tiramisu mit Rhabarber und Erdbeeren

(4 Portionen)

**Man nehme für das Rhabarber-
kompott:**
- 10 Rhabarberstangen
- 2 EL Zucker

Man nehme für den Sahnequark:
- 500 g Quark (20% Fett i.Tr.)
- 125 ml Sahne
- 2 EL Zucker
- 1 Päckchen Vanillezucker

- 500 g Erdbeeren
- 2 gestrichene EL Zucker
- 100-125 g Löffelbiskuit*
- 100 g Pinienkerne
- Amaretto zum Beträufeln des
  Biskuits

Zubereitung:
Den Rhabarber schälen und in kleine Stücken geschnitten in köchelndem Zuckerwasser etwa 10 Minuten weich dünsten.

In der Zwischenzeit eine flache Glasform mit einer Lage Löffelbiskuit auslegen. Den Amaretto gleichmäßig darüber träufeln.

Die Sahne schlagen und mit Quark, Zucker und Vanillezucker schaumig rühren.

Die Erdbeeren gründlich waschen, putzen, halbieren und mit zwei gestrichenen EL Zucker bestreuen. Den Sahnequark gleichmäßig auf den Löffelbiskuit streichen, anschließend den abgetropften Rhabarber darauf verteilen und abschließend die Erdbeeren. Das Tiramisu einige Stunden gut durchkühlen lassen.

Die Pinienkerne in einer ungefetteten Pfanne kurz rösten und vor dem Servieren über das Tiramisu streuen.

Zabaione mit warmen Pfirsichen

(6 Portionen)

Man nehme für die Pfirsiche:

- 4 große oder 6 kleine reife Pfirsiche, ersatzweise Nektarinen oder Aprikosen
- 1 Limette*, ersatzweise Zitrone
- Zucker nach Belieben

Man nehme für die Zabaione:

- 2 Eigelb
- 1 Ei
- 4 cl Amaretto
- 2 EL Zucker

Zubereitung der Pfirsiche:

Die Pfirsiche waschen, abtrocknen, entkernen und vierteln.

Die Limette abreiben und auspressen.

Auf einer Saftpfanne oder flachen ofenfesten Form die Pfirsichspalten mit den Schnittflächen nach oben legen, mit Limetten- oder Zitronensaft beträufeln und je nach Geschmack mit Zucker bestreuen.

Die Früchte im vorgeheizten Backofen bei 200 Grad (Gas 4) 5-10 Minuten backen lassen.

Zubereitung der Zabaione:

In der Zwischenzeit Eigelb und Ei mit Amaretto und Zucker in einer Metallschüssel über dem heißen Wasserbad mit einem Schneebesen schaumig schlagen. Dabei ist darauf zu achten, dass das Wasser nur bis kurz vor dem Siedepunkt erhitzt wird. Zum Schluss wird die Hälfte der geriebenen Limetten- oder Zitronenschale untergerührt.

Die Pfirsiche auf Tellern anrichten, die Zabaione mit einer Kelle auf die Pfirsiche geben und mit der restlichen Limetten- oder Zitronenschale bestreuen.

Bei süßem Heißhunger

Reisauflauf
(4 Personen)

Man nehme:

- 2 Tassen Reis (kein Milchreis)
- 3/4 l Milch
- 1 Hand voll Rosinen
- 1 Prise Salz
- 3 EL Butter
- 1 Päckchen Vanillezucker
- Zucker nach Geschmack
- 2 Eier
- Paniermehl

Zubereitung:

Reis, Milch und eine Prise Salz etwa 10-20 Minuten in einem Topf köcheln lassen. Kurz bevor der Reis weich ist, die Rosinen hineingeben und mitkochen lassen.

Die überschüssige Milch abgießen, 2 EL Butter und Vanillezucker unterrühren und mit etwas Zucker je nach Geschmack süßen.

Die Eier trennen, das Eigelb unter den Reis rühren, das Eiweiß steif schlagen und unter den lauwarmen Reis heben.

Eine backfeste Form mit der restlichen Butter fetten und mit Paniermehl bestreuen. Die Reismasse hineingeben und im vorgewärmten Backofen bei 160 Grad (Gas 3) ca. 45 Minuten goldbraun backen.

Tipp: Dazu kann Kompott (Pflaumen, Kirschen o. Ä.) gereicht werden.

Apfelcharlotte

(6 Personen)

Man nehme für das Apfelkompott:

⊘ 1 kg Äpfel,
⊘ 500 ml Wasser
⊘ 2-4 EL Zucker
(ersatzweise kann fertiges Apfelkompott im Glas verwendet werden)

⊘ 10 Zwiebäcke
⊘ 100 g Butter
⊘ 100-150 g Zucker, je nach Geschmack
⊘ 4 Eier
⊘ eine Hand voll Rosinen
⊘ 1 Prise Salz
⊘ 1 Prise gemahlenen Zimt
⊘ geriebene Schale einer halben Zitrone
⊘ Paniermehl

Zubereitung:

Die Äpfel schälen, entkernen, achteln, im Zuckerwasser weich kochen und etwas abkühlen lassen.

Den Backofen auf 160 Grad (Gas 3) vorheizen.

Die Zwiebäcke grob zerbröseln und zusammen mit den Butterflocken, den Rosinen, dem Zimt und der geriebenen Zitronenschale unter das lauwarme Apfelkompott rühren.

Die Eier trennen. Das Eigelb mit dem Zucker schaumig schlagen und unter die Apfelmasse heben. Die Masse abkühlen lassen.

Eine gläserne Backform mit etwas Butter fetten und mit Paniermehl bestreuen.

Das Eiweiß mit einer Prise Salz steif

schlagen, vorsichtig unter die Apfelmasse heben und diese sofort in die Backform füllen.

Die Apfelcharlotte ca. 1 Stunde goldbraun backen.

Apfelauflauf mit Orangensauce

(4 Portionen)

Man nehme für den Apfelauflauf:
- 4-6 alte Brötchen
- 2 Eier
- 150 ml Milch
- 150 ml Sahne
- 4 Äpfel
- 1 Hand voll Rosinen
- Zucker und Zimt
- Butter zum Ausfetten der Backform

Man nehme für die Orangensauce:
- 60 g Zucker
- 250 ml Orangensaft
- 1 EL abgeriebene Orangenschale

Zubereitung des Apfelauflaufs:

Eier, Milch und Sahne aufschlagen und die Brötchen darin weichen lassen.

Den Backofen auf 200 Grad (Gas 4) vorheizen.

Eine Auflaufform fetten.

Die Äpfel schälen, entkernen und in Spalten schneiden.

Die eingeweichten Brötchen zerreißen und im Wechsel mit den Apfelspalten in die Auflaufform schichten.

Zucker, Zimt und Rosinen darüberstreuen und ca. 20-30 Minuten goldbraun backen.

Zubereitung der Orangensauce:

Während der Backzeit des Auflaufs den Zucker für die Sauce in einem Topf schmelzen.

Den Orangensaft angießen und so lange kochen, bis sich der Zucker aufgelöst hat.

Die Orangenschale unterrühren und leicht sirupartig einkochen.

Die Sauce durch ein Sieb gießen und abkühlen lassen.

Den Auflauf mit der lauwarmen Orangensauce servieren.

Tipp: Statt der Orangensauce kann man auch Vanillesauce (s. S. 42f.) oder Vanilleeis zum Auflauf servieren.

Kaiserschmarrn
(4 Portionen)

Man nehme:
- 2 Eier
- 20 g Zucker
- 125 ml saure Sahne
- 75 g Mehl
- 1 Prise Salz
- 15-30 g Rosinen
(evtl. in Rum eingeweichte)
- etwas zerlassene Butter für den Teig
- Butter zum Braten
- Puderzucker* zum Bestreuen

Zubereitung:
Die Eier trennen. Eigelb, Mehl, Zucker, Salz und saure Sahne zu einem glatten Teig rühren.

Die Butter auslassen und anschließend mit den Rosinen unter den Teig rühren.

Die Eiweiße zu Schnee schlagen und vorsichtig unterheben.

Der Teig wird in einer Pfanne mit heißer Butter angebraten, gewendet und im vorgewärmten Backofen bei 180-200 Grad (Gas 3-4) goldbraun gebacken. Nach Wunsch wird er in mundgerechte Stücke zerrissen und kurz vor dem Servieren mit Puderzucker bestreut.

Tipp: Dazu kann Pflaumenkompott oder Apfelmus gereicht werden.

Quarkauflauf mit Pflaumen

(4 Portionen)

Man nehme:

- 400 g Pflaumen
- 500 g Magerquark
- 50 ml Milch
- 125 g Puderzucker*
- 1 Msp. gemahlenen Zimt
- abgeriebene Schale einer Zitrone
- 1 Prise Salz
- 1 Päckchen Vanillezucker
- 1 EL Speisestärke
- 4 Eier
- Butter zum Ausfetten der Backform
- Puderzucker* zum Bestäuben

Zubereitung:

Die Pflaumen waschen, halbieren und entsteinen.

Den Quark mit Milch, Puderzucker, Vanillezucker, Stärke, abgeriebener Zitronenschale, Salz, Zimt und Eiern zu einer Creme verrühren.

Eine Auflaufform fetten.

Den Backofen auf 170 Grad (Gas 3) vorheizen.

Die Hälfte der Pflaumen auf den Boden der Form schichten und mit der Quarkcreme übergießen.

Die restlichen Pflaumen mit der Schnittfläche nach unten vorsichtig hineindrücken.

Den Auflauf etwa 60-70 Minuten goldbraun backen, anschließend etwas abkühlen lassen, mit Puderzucker bestäuben und warm servieren.

Birnenauflauf
(4 Portionen)

Man nehme:

- 5 Birnen
- 3 EL Williams Birne
- Saft und geriebene Schale einer halben Zitrone
- 4 Eier
- 70 g Zucker und Zimt
- 1 Prise Salz
- 100 g gemahlene Mandeln
- 100 g Mehl
- Butter zum Fetten der Auflaufform
- Paniermehl zum Bestreuen der Auflaufform
- Puderzucker* zum Bestäuben

Zubereitung:

Die Mandeln überbrühen und ziehen lassen.

Die Birnen vierteln, schälen und das Kerngehäuse herausschneiden. Die Früchte in Würfel schneiden, mit Williams Birne und Zitronensaft beträufeln.

Die Eier trennen. Eigelb mit Zucker und Zimt schaumig schlagen. Das Eiweiß mit einer Prise Salz steif schlagen.

Den Backofen auf 220 Grad (Gas 4-5) vorheizen.

Die Mandeln aus der Haut herausdrücken und mahlen.

Mehl, Mandeln und Zitronenschale vermengen, unter den Eischnee he-

ben und diesen mit dem Eigelbschaum vorsichtig vermengen.

Eine Auflaufform fetten, mit Paniermehl bestreuen und die Hälfte des
Teigs hineingeben. Die Birnenwürfel
darüber verteilen und den restlichen Teig auffüllen.

Den Birnenauflauf 35-40 Minuten
backen, anschließend etwas abkühlen lassen und mit Puderzucker
bestäubt warm servieren.

Zwetschgenknödel

(4 Portionen)

Man nehme:

- 250 g Magerquark
- 1 Ei
- 200 g Mehl
- 1 Prise Salz
- 8 Pflaumen
- 8 Stück Würfelzucker
- 100 g Butter
- 4 EL Paniermehl
- Zucker und Zimt zum Bestreuen

Zubereitung:

Den Quark gut abtropfen lassen und anschließend mit Ei, Mehl und Salz zu einem Teig rühren.

8 Teighäufchen formen.

Die Pflaumen waschen, einschneiden und den Kern herauslösen. Je ein Stück Würfelzucker in die Pflaume hineinschieben und diese fest in ein Teighäufchen zu einem Knödel formen.

Reichlich Salzwasser zum Kochen bringen und die Knödel darin bei geringer Hitze etwa 15 Minuten ziehen lassen.

Die Butter in einer Pfanne zerlassen und das Paniermehl darin unter Rühren anbräunen.

Die Knödel mit einem Schöpflöffel aus dem Wasser herausnehmen, auf Teller verteilen, die Butterbrösel darüber verteilen und mit Zucker und Zimt bestreuen.

Äpfel im Schlafrock

(4 Portionen)

Man nehme für die Früchte:
- 500 g mürbe Äpfel
- etwas Zucker
- 1-2 EL Rum oder Kirschwasser

Man nehme für den Teig:
- 200 g Mehl
- 3 EL Zucker
- geriebene Schale einer halben Zitrone
- 125 ml helles Bier
- 2 TL Olivenöl
- 2 Eiweiß
- Backfett
- Zimt und Zucker zum Bestreuen

Zubereitung der Früchte:
Die Äpfel schälen, in dicke Scheiben schneiden und dabei das Kerngehäuse möglichst klein und rund herausschneiden.
Die Apfelscheiben mit Zucker bestreuen, mit Rum oder Kirschwasser beträufeln und einige Minuten durchziehen lassen.

Zubereitung des Teigs:
In der Zwischenzeit alle angegebenen Zutaten, bis auf das Eiweiß, zu einem dickflüssigen Teig anrühren.
Das Eiweiß zu steifem Schnee schlagen und unter den Teig ziehen.
Reichlich Backfett in der Pfanne erhitzen, die Apfelscheiben durch den Teig ziehen und auf beiden Seiten hellgelb backen. Die fertigen Ringe auf Küchenkrepp entfetten und mit Zimt und Zucker bestreuen.

Tipp: Dazu serviert man Vanillesauce (s. S. 42f.).

Nussbuchteln

(6 Portionen)

Man nehme:

- 25 g frische Preßhefe* oder 1 Päckchen Trockenhefe*
- 125-250 ml lauwarme Milch
- 100 g Zucker
- 500 g Mehl
- 100 g Butter oder Margarine
- 1/2 TL Salz
- 1-2 Eier
- ca. 50 gehackte Walnüsse
- 1-2 Eiweiß zum Bestreichen
- 100-120 g Butterflöckchen

Zubereitung:

Wichtig: Alle Zutaten für den Hefeteig müssen Zimmertemperatur haben! Die frische Preßhefe zerbröckeln und in 125-250 ml lauwarmer Milch, 2 TL Mehl und 2 TL Zucker zu einem glatten Vorteig anrühren.

Das übrige Mehl in eine große Backschüssel geben und in die Mitte eine Vertiefung drücken. Den Vorteig hineingießen, mit Mehl bestäuben und den Teig an einem warmen Ort mit einem Küchenhandtuch bedeckt gehen lassen. Wenn die Mehldecke aufreißt, ist der Teig genügend gegangen. (Die Trockenhefe gemäß Anleitung auf dem Päckchen verarbeiten.)

Nun die übrigen Zutaten hinzufügen und alles gut miteinander verarbeiten. Den Teig so lange kneten, bis er Blasen zeigt und sich von der Hand und der Schüssel lösen lässt. Nun muss der Hefeteig nochmals an einem warmen Ort zugedeckt um das Doppelte aufgehen.
Den Backofen auf 175 Grad (Gas 3) vorheizen.
Den aufgegangenen Teig sofort mit bemehlten Händen zu Teigkugeln formen (etwa 12 Kugeln) und erneut gehen lassen.
Die Kugeln mit dem verquirlten Eiweiß bestreichen und mit Butterflöckchen belegen. Im Backofen etwa 30-35 Minuten backen.

Tipp: Zu den Buchteln Vanillesauce servieren (s. S. 42f.).

Kirschmichel

(4-6 Portionen)

Man nehme:

- 6 Brötchen (können auch vom Vortag sein)
- 375 ml Milch
- 70 g weiche Butter
- 3-4 Eier
- 120 g Zucker
- 1 Msp. Zimt
- abgeriebene Schale einer halben Zitrone
- 3/4-1 kg Kirschen
- Butter zum Fetten der Backform
- Zwiebackbrösel zum Bestreuen der Backform

Zubereitung:

Die Brötchen abreiben, in feine Scheiben schneiden und in einer Schüssel etwa $\frac{1}{2}$ Stunde in der Milch weichen lassen.

Den Backofen auf 175 Grad (Gas 3) vorheizen.

Die Eier trennen und das Eiweiß zu steifem Schnee schlagen.

Die Butter schaumig rühren und Eigelb, Zucker, Zimt, Zitronen-schale, die aufgeweichten Brötchen, die gewaschenen Kirschen und den Eischnee untermengen.

Eine Auflaufform fetten und mit Zwiebackbröseln bestreuen. Den Brötchen-Kirsch-Teig hineinfüllen und 45-60 Minuten goldbraun backen.

Salzburger Nockerln auf Orangen

(4 Portionen)

Man nehme:

- 70 g Zwieback
- 3 Orangen
- 1 große Banane
- 5 Eier
- 2 gestrichene EL Zucker
- 1 Päckchen Vanillezucker
- 2 EL Mehl
- Butter zum Ausfetten der Form
- Puderzucker* zum Bestäuben

Zubereitung:

Den Backofen auf 200 Grad (Gas 4) vorheizen.

Die Auflaufform fetten und mit den Zwiebäcken auslegen.

Die Orangen bis aufs Fruchtfleisch schälen. Die Filets zwischen den Trennhäuten herausschneiden. Dabei den Saft auffangen. Den restlichen Saft mit einer Hand aus der ausgehöhlten Orange herauspressen und über den Zwieback gießen. Die Orangenfilets darüber verteilen.

Die Banane schälen, in dünne Scheiben schneiden, und diese zwischen die Orangenfilets legen.

Die Eier trennen. Das Eiweiß zu steifem Schnee schlagen. Nach und nach unter weiterem Schlagen den Vanillezucker und den Zucker einrieseln lassen.

Das Eigelb mit ein wenig Eischnee verrühren, den restlichen Eischnee dazugeben, das Mehl einstreuen und alles rasch mit dem Schneebesen verrühren. Mit einem Kochlöffel aus der Masse große Nockerln ausstechen und auf das Obst in die Auflaufform setzen. Die Nockerln im Ofen etwa 25 Minuten backen, anschließend mit Puderzucker bestäuben und servieren.

Teatime

Teecreme
(6 Personen)

Man nehme:
- 250 ml Wasser
- 4 TL schwarzen Tee
- 40 g Speisestärke
- 3 Eigelb
- 100 g Zucker
- 1 Prise Salz
- abgeriebene Schale einer halben Zitrone
- 5 EL Orangensaft
- 2 cl Rum
- 250 ml Sahne
- 2 EL gehackte Pistazien zum Garnieren

Zubereitung:

Kochendes Wasser über die Teeblätter gießen und 5 Minuten ziehen lassen. Den Tee anschließend in einen Topf abgießen.

Das Eigelb mit Zucker und Salz in einer großen Schüssel schaumig schlagen.

Die Speisestärke unter Rühren in Orangensaft und Rum auflösen und die abgeriebene Zitronenschale dazugeben.

Den Tee zum Kochen bringen, bei geringer Hitze die aufgelöste Stärke mit einem Schneebesen unter den köchelnden Tee rühren und noch einmal kurz aufkochen lassen. Die Teecreme unter den Eigelbschaum rühren.

Die Sahne steif schlagen, unter die Creme heben und diese anschließend gut durchkühlen lassen.

Vor dem Servieren die Teecreme mit den gehackten Pistazien garnieren.

Eierküchlein mit Sommerkompott

(4 Personen)

Man nehme fürs Kompott:
- 2 Stangen Rhabarber
- 200 g Erdbeeren
- wenig Wasser
- Zucker nach Belieben

Man nehme für den Eierkuchenteig:
- 250 g Mehl
- 4 Eier
- 500 ml Milch
- 1 Prise Salz
- etwas Sonnenblumenöl oder Butter zum Braten
- 2-4 EL Schmand
- Puderzucker* zum Bestäuben

Zubereitung:

Die Rhabarberstangen schälen, in kleine Stücke schneiden und mit Zuckerwasser knapp bedeckt weich kochen lassen.

Währenddessen die Erdbeeren waschen und halbieren. Diese nicht mitkochen, sondern lediglich im fertigen Rhabarberkompott erwärmen. Das Kompott abkühlen lassen.

Den Eierkuchenteig quirlen und kleine Eierküchlein rasch hintereinander in einer Pfanne goldbraun backen. Die fertigen Pfannkuchen im vorgewärmten Backofen warm halten.

Das Kompott auf die Küchlein geben, eine Hälfte überschlagen und mit Puderzucker bestreuen.

Jedes gefüllte Eierküchlein wird mit einem Häubchen Schmand garniert und warm serviert.

Erdbeer-Käse-Torte

Man nehme:

- 2 Tafeln Vollmilchschokolade
- 125 g Cornflakes
- 600 g Frischkäse
- 300 g Joghurt
- 3 EL Zitronensaft
- 20 g Speisestärke
- 75 g Zucker
- 250 g Erdbeeren

- Backpapier

Zubereitung:

Die Schokolade im Wasserbad schmelzen. Die Cornflakes zerdrücken und unter die weiche Schokolade rühren.

Eine Springform mit Backpapier auslegen und drei Viertel der Schokoladenmasse darauf verteilen. Die übrige Masse auf einem großen Teller oder einem Küchenbrett mit einem Teelöffel zu kleinen Häufchen formen.

Frischkäse, Joghurt und Zitronensaft mit dem Rührgerät schlagen.

Zucker und Speisestärke mit 150 ml Wasser unter Rühren zum Kochen bringen und bei geringer Hitze kurz eindicken lassen. Anschließend unter die Käse-Joghurt-Creme rühren. Ein Viertel der Creme auf dem Schokoladenboden verteilen.

Die Erdbeeren waschen und putzen. Einige Beeren zum Garnieren beiseite legen, die übrigen vierteln und auf der Käsecremeschicht verteilen.

Darüber die übrige Creme verteilen und die Torte für einige Stunden kalt stellen.

Vor dem Servieren mit den Schoko-Cornflakes-Häufchen und den ganzen Früchten garnieren.

Apfelstrudel

Man nehme für den Strudelteig:
- 250 g Mehl
- 100-125 ml warmes Wasser
- 1 Prise Salz
- 1 Eigelb
- 1 EL Pflanzenöl

Man nehme für die Füllung:
- 1 kg säuerliche Äpfel
- Saft einer Zitrone
- 100 g Rosinen
- 50 g Mandeln
- 100 g Butter
- 1 Päckchen Vanillezucker
- 2 EL Zwiebackbrösel
- 1 TL gemahlenen Zimt

- Butter oder Öl zum Fetten des Backblechs
- Puderzucker* zum Bestäuben

Zubereitung:

Das Mehl in eine Schüssel sieben und in der Mitte eine Mulde formen. Eigelb, warmes Wasser, Salz und Öl in einem Krug verquirlen und in die Mulde gießen. Den Teig anfangs rühren, dann mit den Händen glatt kneten und daraus eine Kugel formen. Diese mit Öl bestreichen und 30 Minuten bedeckt ruhen lassen.

Die Mandeln überbrühen und weichen lassen.

In der Zwischenzeit die Äpfel vierteln, schälen, entkernen und in schmale Schnitze schneiden. Diese sofort mit dem Zitronensaft beträufeln und mit den Rosinen vermengen.

Die Mandeln aus der Haut herausdrücken, stiften und unter die Äpfel mengen.

Den Backofen auf 200 Grad (Gas 4) vorheizen.

Die Butter zerlassen.

Den Zwieback bröseln.

Den Strudelteig zwischen Frischhaltefolie sehr dünn ausrollen, mit der zerlassenen Butter bepinseln, mit Zimt und Vanillezucker bestreuen und die Äpfel darauf verteilen.

Mit Hilfe der Folie den Strudel aufrollen und die Enden zusammendrücken.

Den Strudel auf dem gefetteten, mit Zwiebackbröseln bestreuten Blech ca. 40-45 Minuten goldbraun bakken, anschließend etwas abkühlen lassen und mit Puderzucker bestäubt warm servieren.

Tipp: Dazu kann Vanillesauce (s. S. 42f.) oder Vanilleeis gereicht werden.

Französische Apfeltarte

Man nehme für den Teig:
- 200 g Mehl
- 100 g Butter
- 1 Eigelb
- 1/2 TL Salz
- 3-5 EL Wasser, je nach Knetbarkeit des Teigs

Man nehme für die Füllung:
- 175 g Butter
- 400 g Zucker
- 1-2 kg Äpfel, je nach Größe

Zubereitung:
Die Zutaten für den Tarteteig glatt verkneten und zu einer Kugel gerollt im Kühlschrank ruhen lassen.
Den Backofen auf 220 Grad (Gas 4-5) vorheizen.
Die Butter in einer großen Pfanne mit hitzebeständigem Stiel zerlassen, den Zucker unter Rühren hineinstreuen und karamellisieren lassen.
Die Äpfel schälen, halbieren, entkernen und mit der Wölbung nach oben dicht nebeneinander im Karamell schichten. Bei starker Hitze die Früchte etwa 15 Minuten im Karamell backen lassen, anschließend wenden und nochmals 10 Minuten garen. Die Pfanne vom Herd nehmen und die karamellisierten Äpfel

abkühlen lassen.

Den Teig aus dem Kühlschrank herausnehmen und zwischen Frischhaltefolie zu einem Kreis ausrollen,
der etwas größer sein sollte als die
Pfanne. Die Äpfel in der Pfanne
rasch mit dem Teig bedecken und
diesen am Rand der Pfanne nach
innen drücken. Die Tarte in der
Pfanne in den vorgeheizten Ofen
schieben, 20-25 Minuten goldbraun
backen und anschließend abkühlen
lassen.

Die Apfeltarte vor dem Servieren in
der Pfanne noch einmal kurz auf
dem Herd erwärmen und auf eine
Tortenplatte stürzen.

Pflaumenkuchen mit Krokantdecke

(1 Blechkuchen)

Man nehme für den Hefeteig:

- 125 ml Milch
- 60 g Butter
- 25 g frische Presshefe*, ersatzweise Trockenhefe*
- 60 ml warmes Wasser
- 375 g Mehl
- 1/2 TL Salz
- 50 g Zucker
- 1 Ei

Man nehme für die Krokantdecke:

- 200 g Butter
- 200 g Mandelblättchen
- 150 g Zucker

- 1 kg Pflaumen
- Zucker zum Bestreuen nach Belieben

Zubereitung des Pflaumenkuchens:
Die frische Presshefe in lauwarmes Wasser bröckeln, die Milch angießen, den Zucker dazugeben und alles glatt quirlen.

Das Mehl in eine Schüssel füllen, eine Mulde in die Mitte drücken und die aufgelöste Hefe vorsichtig hineingießen.

Den Vorteig 1 Stunde mit einem Küchentuch bedeckt gehen lassen.

In der Zwischenzeit die Pflaumen waschen, abtropfen lassen, längs einschneiden, sodass sich der Stein herauslösen und die Frucht aufklappen lässt.

Der Teig ist genügend gegangen, wenn die Mehldecke aufreißt. Nun werden die übrigen Zutaten Ei, Salz und weiche Butterflocken dazugegeben und der Teig mit den Händen geknetet. Er muss Blasen zeigen und sich leicht vom Schüsselrand lösen lassen. Anschließend den Hefeteig nochmals an einem warmen Ort zugedeckt um das Doppelte aufgehen lassen.

Die Hälfte des Teigs ohne Kraft auf ein gefettetes Blech rollen und mit den Fingerspitzen den Rand etwas nach oben drücken.

Den Backofen auf 200-220 Grad (Gas 4) vorheizen.

Die aufgeklappten Pflaumen schräg dicht an dicht auf den Teigboden schichten. Nach Belieben mit Zucker bestreuen.

Die zweite Hälfte des Teigs auf einer gemehlten Arbeitsfläche dünn ausrollen und über die Pflaumenschicht legen.

Das Kuchenblech in den Backofen schieben und 20 Minuten backen.

Zubereitung der Krokantdecke:
In der Zwischenzeit die Butter schmelzen, Mandelblättchen und Zucker dazugeben und unter Rühren den Zucker auflösen.

Das Kuchenblech herausnehmen und die Teigdecke mit der Mandelbutter bestreichen.

Den Kuchen goldbraun backen und anschließend etwas abkühlen lassen.

Apfeltaschen

(10-12 Stück)

Man nehme:
- 250 g Quark
- 250 g Mehl
- 250 g Butter
- 3 mittelgroße säuerliche Äpfel

- Butter oder Öl zum Fetten des Backblechs
- Puderzucker* zum Bestäuben

Zubereitung:
Quark, Butter und Mehl zu einem glatten Teig kneten und diesen kalt stellen.
Die Äpfel schälen, vierteln und entkernen.

Den Backofen auf 200 Grad (Gas 4) vorheizen.
Den Teig ausrollen und mit einem spitzen Messer in 10 etwa gleich große Quadrate schneiden.
Jeweils ein Apfelviertel in ein Teigquadrat legen, die gegenüberliegenden Ecken überschlagen und die Öffnungen mit den Fingerspitzen zusammendrücken. Es sollten keine Risse oder Löcher im Teigmantel sein, weil der Saft sonst herausläuft. Ein Blech fetten und die Apfeltaschen darauf etwa 20-25 Minuten goldbraun backen, kurz abkühlen lassen und mit Puderzucker bestäubt warm servieren.

Fixe Pfirsichtarte

Man nehme für den Tarteboden:
- 200 g Butter
- 200 g Butterkekse
- 100 g Haselnüsse

Man nehme für den Tartebelag:
- 1 Paket Frischkäse (200g)
- 1 Ei
- 150 g Zucker
- 1 Dose Pfirsiche

- Butter zum Ausfetten einer Tarte- oder Tortenspringform
- 2 EL gemahlene Haselnüsse zum Bestreuen der Tortenform

Zubereitung:

Die Butterkekse fein zerbröseln und mit der zimmerwarmen Butter und den gemahlenen Haselnüssen verkneten.

Eine Tarte- oder Tortenspringform ausfetten und mit gemahlenen Haselnüssen bestreuen.

Den Teig gleichmäßig in der Form verteilen und 10 Minuten ins Tiefkühlfach stellen.

In der Zwischenzeit den Frischkäse mit Ei und Zucker schaumig schlagen und anschließend auf dem Teig verstreichen.

Die Pfirsiche abtropfen lassen, in feine Schnitze schneiden und auf den Frischkäseschaum schichten.

Die Pfirsichtarte sofort servieren.

Gefüllte Biskuitrolle mit Mandarinensahne

Man nehme für den Biskuitteig:
- 4 Eier
- 90 g Speisestärke
- 90 g Mehl
- 150 g Zucker
- 6 EL lauwarmes Wasser
- 1/2 TL Backpulver

Man nehme für die Füllung:
- 1 Dose Mandarinen
- 500 ml Sahne
- 2 cl Kirschwasser

- Puderzucker* zum Bestäuben

Zubereitung des Biskuitteigs:

Die Eier trennen. Das Eigelb zusammen mit dem Zucker sehr schaumig schlagen. Nach und nach Mehl, Speisestärke und Backpulver unterrühren. Lauwarmes Wasser löffelweise unter Rühren hinzugeben.

Das Eiweiß zu Schnee schlagen und diesen vorsichtig unter den Teig heben.

Den Backofen auf 200 Grad (Gas 4) vorheizen.

Ein Backblech mit Alufolie belegen, den Teig darauf verteilen und ca. 15 Minuten goldbraun backen.

Das Blech aus dem Ofen herausnehmen, den Teig mit etwas kaltem Wasser bespritzen und mit einem

Küchentuch bedecket kurz ruhen lassen.

Den Teig anschließend auf eine Arbeitsfläche stürzen, die Alufolie abziehen, ein Geschirrtuch darüber legen und zusammen mit dem Teig einrollen. Die Teigrolle etwa 2 Stunden ruhen lassen.

In der Zwischenzeit die Sahne steif schlagen.

Die Mandarinen abtropfen lassen, klein schneiden und unter die Sahne heben.

Den Biskuitteig ausrollen, mit dem Kirschwasser bespritzen, die Mandarinensahne gleichmäßig darauf verteilen und vorsichtig rollen.

Die gefüllte Biskuitrolle vor dem Servieren mit Puderzucker bestäuben.

Tarte aux citrons

Man nehme für den Mürbeteig:

- 200 g Mehl
- 100 g Butter
- 2 EL Öl
- 1 Prise Salz
- 1 EL Wasser

Man nehme für den Belag:

- 4 Eier
- 125 g Zucker
- 165ml Zitronensaft
- 1 TL geriebene Zitronenschale
- 2 EL Schmand

- Butter zum Ausfetten der Tarteform

Zubereitung des Mürbeteigs:
Die zimmerwarme Butter in Stücke schneiden und mit Mehl, Öl, Salz und Wasser schnell mit der Hand zu einem Teig verkneten (wenn sich der Teig nicht binden lässt, noch etwas Öl hinzugeben).

Den Teig in einer mit Butter ausgefetteten Spring- oder Tarteform auslegen, den Rand 1 cm hochdrücken. Den Tarteboden im vorgeheizten Backofen bei 200 Grad (Gas 4) 10 Minuten vorbacken.

Zubereitung des Belags:
In der Zwischenzeit Zitronensaft, Zitronenschale, Zucker und Schmand glatt rühren. Ein Ei nach dem anderen unter die Masse schlagen und diese anschließend auf den vorgebackenen Tarteboden gießen.

Die Tarte aux citrons 20 Minuten backen.

Register